ISBN 978-85-7341-722-7
1ª edição – março/2018
1ª reimpressão – maio/2018
Copyright © 2018,
Instituto de Difusão Espírita – IDE

Conselho Editorial:
Doralice Scanavini Volk
Orson Peter Carrara
Wilson Frungilo Júnior

INSTITUTO DE DIFUSÃO ESPÍRITA – IDE
Av. Otto Barreto, 1067 – Cx. Postal 110
CEP 13600-970 – Araras/SP – Brasil
Fone (19) 3543-2400
CNPJ 44.220.101/0001-43
Inscrição Estadual 182.010.405.118
www.ideeditora.com.br
editorial@ideeditora.com.br

Coordenação:
Jairo Lorenzeti

Revisão de texto:
Doralice Scanavini Volk

Capa e Diagramação:
César França de Oliveira

Todos os direitos reservados. Nenhuma parte desta publicação pode ser reproduzida, armazenada ou transmitida, total ou parcialmente, por quaisquer métodos ou processos, sem autorização do detentor do copyright.

Ficha Catalográfica

(Preparada na Editora)

Bueno Neto, Joaquim, 1970-
B94h Hoje Com Jesus/ Joaquim Bueno Neto. Araras, SP, IDE, 1ª edição, 2018. 256 p.
ISBN 978-85-7341-722-7
1. Espiritismo 2. Mensagens
I. Título.

CDD
133.9
133.91

Índices para catálogo sistemático:

1. Espiritismo 133.9
2. Mensagens 133.91

*Aproximar-se de JESUS
significa iniciativa
infalível rumo ao
equilíbrio espiritual*

JOAQUIM BUENO NETO

ide

HOJE COM JESUS

SUMÁRIO

Capítulo 1 - AO LADO DO MESTRE, *9*

Capítulo 2 - VISITA OPORTUNA, *19*

Capítulo 3 - QUANDO VEM A TEMPESTADE, *27*

Capítulo 4 - EM TORNO DA RIQUEZA, *37*

Capítulo 5 - RIGORISMOS INJUSTIFICÁVEIS, *47*

Capítulo 6 - NORMAS PARA A ATIVIDADE CRISTÃ, *57*

Capítulo 7 - ERVAS DANINHAS, *67*

Capítulo 8 - UMA ESCADA PARA O CÉU, *77*

Capítulo 9 - "EIS O HOMEM", *87*

Capítulo 10 - LIÇÕES VIVIDAS, *97*

Capítulo 11 - ESSÊNCIA *VERSUS* APARÊNCIA, *107*

Capítulo 12 - APRENDENDO A DISCERNIR, *117*

Capítulo 13 - DOZE ANOS DEPOIS..., *127*

Capítulo 14 - OS TRABALHADORES E OS TALENTOS, *137*

Capítulo 15 - QUESTÃO DE FIDELIDADE, *147*

Capítulo 16 - A REFORMA ESSENCIAL, *157*

Capítulo 17 - RENOVAÇÃO E SIGNIFICADO, *167*

Capítulo 18 - BEBENDO EM OUTRA FONTE, *177*

Capítulo 19 - CULTO CRISTÃO NO LAR, *187*

Capítulo 20 - A ADORAÇÃO GENUÍNA, *197*

Capítulo 21 - PESCADORES INCANSÁVEIS, *207*

Capítulo 22 - VENCENDO A PARALISIA, *217*

Capítulo 23 - ORAÇÕES QUE ENSINAM, *227*

Capítulo 24 - COM OLHOS NO AMANHÃ, *235*

Capítulo 25 - NOSSO INVENTÁRIO, *245*

AO LADO DO MESTRE

CAPÍTULO 1

AO LADO DO MESTRE

No ano de 1940, a Federação Espírita Brasileira publicou o livro *O Consolador*, psicografado pelo médium mineiro Francisco Cândido Xavier. A obra contém questões elaboradas por colaboradores do Grupo Espírita "Luís Gonzaga", de Pedro Leopoldo (MG), com contribuição de espíritas de outros núcleos, dirigidas ao benfeitor espiritual Emmanuel, que as respondeu em determinada ordem, catalogando-as por assunto, até surgir o livro.

Desejamos chamar a atenção, aqui, para a pergunta de número 235 da obra, na qual Emmanuel é indagado se há outras fontes de conhecimento para a iluminação dos homens, além da constituída pelos ensinamentos do Evangelho.

O benfeitor espiritual responde que o mundo está, sim, repleto de elementos educativos, principalmente no que se refere "às teorias nobilitantes da vida e do homem, pelo trabalho e pela edificação das faculdades e do caráter". Mas, em matéria de iluminação espiritual, "não existe fonte alguma além da exemplificação de Jesus, no seu Evangelho de Verdade e Vida".

Atente-se para a ênfase na **exemplificação** do Mestre, isto é, sua própria vida constitui a síntese definitiva, o modelo permanente a ser seguido, independentemente da situação em que se esteja vivendo.

E como as Leis Divinas não trabalham sem planejamento, inúmeros missionários o precederam. A História registra a influência do pensamento luminoso do Cristo nas contribuições do missionário chinês Fo-Hi, no pensamento de Buda, do líder hebreu Moisés, de eminentes filósofos gregos, todos vindos ao mundo para preparar o advento daquele que se tornaria, para o ser humano, o *Caminho, a Verdade e a Vida*.

Na mesma linha de raciocínio, o Espírito André Luiz, também pelas mãos de Chico Xavier, faz interessantes apontamentos no Capítulo 3 do livro *Obreiros da Vida Eterna* (edição FEB), conforme resgatou o confrade Alessandro Viana Vieira de Paula, em inteligente artigo publicado no Jornal Mundo Espírita (edição FEP), de julho de 2016.

Na companhia de seleto grupo de tarefeiros espirituais, André Luiz dirigiu-se a um local chamado Santuário da Bênção, uma espécie de templo, situado em zona espiritual dedicada a serviços de auxílio. Ali, receberiam a palavra de um mentor especial, pertencente a "comunidades redimidas do Plano dos Imortais", de regiões mais elevadas da zona espiritual da Terra.

Tão logo o ilustre mensageiro chegou, começou a ser sabatinado pelos presentes, que lhe endereçavam dúvidas relacionadas ao trabalho assistencial. Para cada pergunta, o mentor desenrolava um pergaminho, que trazia à mão. Cada pequeno rolo apresentava um versículo do Novo Testamento. Ora se lia uma citação do Evangelho do Apóstolo Mateus, ora uma carta de Paulo. Para surpresa de todos, as citações se encaixavam perfeitamente às perguntas, dispensando demais comentários.

O que todas essas informações querem nos dizer? Que não existe dilema da alma humana que não encontre a correspondente solução nos ensinos imperecíveis do Cristo!

Aproximar-se cada vez mais dos Seus ensinamentos é iniciativa das mais lúcidas, não só para as lutas diárias, mas para se vencer séculos de estagnação espiritual.

Somos uma nação predominantemente cristã, todavia, nosso proceder denuncia profundo afastamento das lições sublimes trazidas por esse ser admirável e puro, há cerca de dois mil anos.

O fato é que quanto mais entramos no mundo do Cristo, mais ele nos fascina. Nosso conhecimento se dilata, e não podemos disfarçar que também cresce, em nós, uma sensação de pequenez, aliás, muito salutar. É que ela não só ajuda no combate às manifestações do orgulho, como também nos descortina um universo de aprendizados pela frente. E sem essa pequenez, essa postura receptiva, dificilmente nos apropriaríamos das revelações sublimes contidas nos textos evangélicos.

Tomemos um exemplo. No Evangelho do Apóstolo Mateus, capítulo 11, versículo 29, encontra-se a seguinte fala do Mestre: *"Tomai sobre vós o meu jugo e aprendei de mim, porque sou brando e humilde de coração, e encontrareis descanso para vossas almas"*.

Sabe-se que o jugo é uma peça de madeira, usada para atrelar bois ou cavalos a uma carroça ou arado. É o arado de tração animal. Acredita-se que os sumérios tenham sido os primeiros a se servirem de arados puxados por animais. Na Palestina, era muito comum o uso de "junta" ou "parelha de bois", para arar a terra (Lucas, 14:19). Havia, ainda, prescrição legal para seu uso correto, sendo vedado emparelhar um boi com um jumento (Deuteronômio, 22:10).

"Em geral, um animal mais velho e mais experiente é posto no jugo com um mais novo. O boi mais

novo aprende com o boi mais experiente quando andam juntos, amarrados um ao outro. Se o boi mais novo quiser movimentar-se mais depressa, o jugo lhe apertará o pescoço, fazendo-o diminuir o ritmo. Se ele quiser andar mais devagar, o jugo lhe esfolará o pescoço e o forçará a dar passos mais rápidos" — explica Sharon Jaynes, no livro *Surpreendida pela glória: uma resposta generosa de Deus ao nosso anseio por algo mais* (tradução de Maria Emília de Oliveira; edição Mundo Cristão).

De fato, é de se presumir que o agricultor experiente lançasse mão do animal mais adestrado, a fim de ensinar o novato.

Quando Jesus se serviu da imagem do jugo, os aldeões e as pessoas humildes, cujas vidas possuíam forte identidade com a vida no campo, entenderam o que ele queria dizer.

Ao falar que é necessário "tomar o seu jugo" e "aprender com ele", o Mestre está se colocando como o animal mais vivido, "brando e humilde", disposto a caminhar conosco de forma cadenciada, até aprendermos a sua disciplina.

Quantas vezes preferimos tomar rumos diferentes, experimentar outros caminhos? Felizmente, as Leis Divinas também são feitas de misericórdia e possuem mecanismos que nos fazem "retomar a rota", ainda que seja na marra! No entanto, a vivência do Evangelho ensina-nos a fazer isso de forma espontânea.

Ao comentar essa questão, o Codificador do Espiritismo, Allan Kardec, lembrou (*O Evangelho Segundo o Espiritismo,* cap. 6, item 2): *"Jesus coloca uma condição à sua assistência e à felicidade que promete aos aflitos; essa condição está na lei que ensina; seu jugo é a observação dessa lei; mas esse jugo é leve e essa lei é suave, uma vez que impõem por dever o amor e a caridade".*

De minha parte, apenas compareço aqui na condição de espelho rústico, tentando refletir a luz do pensamento de inúmeros companheiros que se debruçaram sobre as páginas do Evangelho, buscando trazer Jesus para o cotidiano. Não para que ele solucione problemas que nós mesmos criamos, mas para que as suas lições se incorporem, gradativamente, à maneira como nos relacionamos com Deus, com os outros, e conosco mesmos. É preciso caminhar "emparelhado" com ele. Aí, qualquer carga fica mais leve.

VISITA OPORTUNA

CAPÍTULO 2

VISITA OPORTUNA

A última passagem evangélica do capítulo 10 do texto de Lucas relata uma visita de Jesus ao lar de Marta, Maria e Lázaro, irmãos que residiam em Betânia, aldeia distante cerca de 3 km de Jerusalém, aos pés do Monte das Oliveiras.

Segundo o evangelista (9:51), Jesus e seus discípulos viajavam para Jerusalém, mas o Mestre resolve fazer uma pausa e Marta, a irmã mais velha, o hospeda.

Enquanto sua irmã se envolve com inúmeros afazeres domésticos, Maria senta-se para ouvir o Cristo. Vai desenhar-se uma situação embaraçosa.

Aproximando-se de Jesus, Marta lhe diz:

- *"Senhor, não te importas que minha irmã me deixe servir sozinha? Dize-lhe, pois, que me ajude".*

Calmamente, Jesus responde:

- "Marta, Marta, inquieta-te e te agitas a respeito de muitas coisas. Porém, é necessária uma. Assim, Maria escolheu a boa parte, que não será tirada dela".

Não era fácil a vida de um anfitrião em Israel. A hospitalidade era um dever legal. Prescrevia-se oferecer água para refrescar os pés daqueles que haviam caminhado no deserto, convite para passarem a noite ou, até mesmo, ficarem alguns dias, e disponibilidade para acompanhamento em parte da viagem de volta (Gênesis, 19:2).

Além do mais, numa época em que não existiam supermercados ou padarias, dispor de alimentação adequada para bem receber um visitante, sem esbanjar ou deixar faltar, devia ser algo complexo, facilitado apenas por convites prévios, ou datas específicas.

Mas não parece ser o caso. Jesus surge inesperadamente. Marta aflige-se, pois quer atender as prescrições legais da hospitalidade, ainda vigentes nos tempos de Jesus (Lucas, 7:44). Ele, porém, não comparecia ali como alguém que desejava ser servido. Apenas fizera uma pausa, uma aproximação carinhosa com aquelas criaturas a quem tanto amava. E viu que a ocasião permitia deixar lições para o futuro, sobretudo na postura de Maria, de deixar tudo de lado, por amor às coisas de Deus.

Há alguns anos, a Federação Espírita Brasileira (FEB) e a TV CEI disponibilizam vários programas de estudo do Evangelho à luz do Espiritismo, no canal *YouTube*. Em um desses trabalhos, uma equipe de estudiosos se debruçou, através de estudo minucioso, sobre a passagem dessa visita de Jesus. No interessante vídeo, os comentários se sucedem, até que, em dado momento, é trazido à tona o pensamento do saudoso escritor Martins Peralva, que consta no capítulo 56 da obra *Estudando o Evangelho* (edição FEB), segundo o qual há, na existência de toda criatura, "duas partes: a **material**, representada pelas obrigações que a própria vida impõe, e a **espiritual**, representada pelos deveres relacionados com a alma eterna. Ambas são respeitáveis, porque integram o conjunto das necessidades humanas, decorrentes da própria vida em sociedade".

Marta e Maria nos oferecem, assim, precioso simbolismo: uma representa o atendimento das obrigações materiais; a outra, os deveres com a alma eterna, a comunhão com o Alto. Ambas respeitáveis e necessárias.

Mas o estudo do Evangelho abre possibilidades imensas. Se atentarmos bem, a visita de Jesus sucede àquela que é uma das mais famosas parábolas por ele contadas: a Parábola do Bom Samaritano (Lucas, 10:25-37). É a narrativa que enfatiza a necessidade da caridade, do amor ao semelhante. Kardec a insere na abertura do Capítulo 15 de *O Evangelho Segundo o Espiritismo*, intitulado *Fora da caridade não há salvação*, para elucidar que "toda a moral de Jesus se resume na caridade e na humildade, quer dizer, nas duas virtudes contrárias ao egoísmo e ao orgulho".

Não parece incrível que essas duas passagens estejam juntas, fechando o décimo capítulo de Lucas? A Parábola do Bom Samaritano, enfatizando o **amor ao próximo**, e a visita a Marta e Maria, enfatizando o **amor a Deus**, às coisas do Alto, formam, unidas, a grande síntese de Jesus, a resposta eloquente que ele dá ao Doutor da Lei, que o interpelara: *"amar a Deus de todo o coração, de toda alma, com toda força e toda mente e ao próximo como a si mesmo"*. Não há, para o Mestre, mandamento que supere isso (Marcos, 12:31).

É fundamental buscar a *boa parte*, a comunhão com as coisas espirituais. Tal entendimento propicia sentido às ocorrências da vida e impede que nos "afadiguemos" tanto, como Marta.

Contudo, o simbolismo parece não terminar aí. Se Marta é a irmã mais velha, Jesus, ao visitá-la, simboliza o Evangelho "visitando" nosso "lado velho", para propor renovação! Sim, a velha e boa *reforma íntima* tem suas raízes na Revelação do Cristo! E entenderam muito bem isso os seus primeiros seguidores.

Paulo, por exemplo, em sua Segunda Carta aos Coríntios (5:17), adverte: *"se alguém está em Cristo, é nova criatura; as coisas velhas já passaram; tudo se fez novo"*.

Por sua vez, Tiago, em sua única epístola, escreve (4:8): *"Limpai as mãos, vós que pecais e de duplo ânimo, purificai os corações"*. Destaque-se a expressão "duplo ânimo". É que reforma íntima exige ânimo redobrado. Não há espaço, nestes textos, para iludir quem quer que seja.

Será que estavam equivocados os apóstolos Paulo e Tiago? Se observarmos bem, veremos que o Cristo, por sua vez, nunca nos iludiu. Antes, deu-nos metas altíssimas, convidando-nos para sermos *sal da Terra, luz do mundo* e *cidade sobre a montanha*, esta última, simbolizando que temos que ser exemplo aos olhos de todos, em tudo o que fizermos.

Em nosso atual estágio evolutivo, é inegável que procuremos aquilo que acomoda, que facilita, que nos deixa confortáveis. Não nos iludamos, porém. Se nos propuserem um programa de reforma íntima, recheado de facilidades, tomemos cuidado.

Agora, se em nosso convívio, nos deparamos com pessoas que nos estimulam o sacrifício, a abnegação, o devotamento, a disciplina, certamente estamos diante de alguém que merece ser seguido, que é credor de nossa melhor confiança.

O Evangelho procura nos fazer essa "visita oportuna", constantemente, através de diferentes situações, a fim de nos renovar, para buscarmos cada vez mais a *boa parte*, aquela que é permanente.

Como ensina, magistralmente, o Espírito Meimei, pela psicografia de Chico Xavier, no capítulo *Confia Sempre* da obra *Cartas do Coração* (edição LAKE): *"Tudo passa e tudo se renova na Terra, mas o que vem do céu permanecerá. De todos os infelizes, os mais desditosos são os que perderam a confiança em Deus e em si mesmos, porque o maior infortúnio é sofrer a privação da fé e prosseguir vivendo".*

Enfatizamos o trecho *"o que vem do céu permanecerá".* Compreender as leis divinas, ajustar a mente e o coração aos propósitos do Alto... eis aí a boa parte!

QUANDO A TEMPESTADE VEM

CAPÍTULO 3

QUANDO VEM A TEMPESTADE

Um dos fenômenos mais conhecidos da vida de Jesus é o da tempestade que ele acalmou. Impactante, o episódio consta das anotações de três evangelistas: Mateus (8:23-27), Marcos (4:35-41) e Lucas (8:22-25), os Evangelhos Sinóticos. São assim chamados pela semelhança ou paralelismo que possuem.

Jesus entrou num barco ao cair da tarde, após intensa atividade junto à multidão, ensinando e curando a muitos. Buscando um ligeiro repouso, adormeceu.

Mateus informa que, neste instante, uma tempestade ocorreu no mar, a ponto de suas ondas cobrirem os barcos. Era o lago de Genesaré, localizado na região Norte de Israel, também chamado de Tiberíades, ou Mar da Galileia. O grande lago, de água doce, com quase 170 km² de área, era também chamado de mar, dada sua extensão.

Assustados e temendo por suas vidas, os apóstolos acordaram Jesus. A atitude soa precipitada. Afinal, eram pescadores experientes. Vários textos bíblicos, porém, sinalizam que o medo do mar, pelos hebreus, não era coisa nova.

Segundo W. Gruen, no *Pequeno Vocabulário da Bíblia* (edição Ep), a costa da Palestina, devido a poucos portos naturais e enseadas, oferecia mais perigo que abrigo. Por isso, o mar era ameaçador, símbolo de hostilidade à vida humana (Êxodo, 15:8; Salmos, 69:14-15; Apocalipse, 21:1). Consta que o profeta Daniel teria sonhado com animais assustadores que "subiam do mar" (Daniel, 7:3). O mesmo se deu nas visões do autor do Apocalipse (13:1). O mar oferecia a imagem do caos e da morte.

O Mestre, despertando, repreendeu o vento e o mar, dizendo: *"Silencia! Cala-te"*. Os ventos cessaram e houve calmaria. Voltando-se para os discípulos, disse-lhes: *"Por que estais temerosos? Ainda não tendes fé?"*.

No livro *A Gênese – os Milagres e as Predições Segundo o Espiritismo* (cap. 15, item 46), o Codificador Allan Kardec comenta que esse fenômeno poderia ser o resultado de um ato de autoridade de Jesus sobre inteligências ocultas, que presidem à ação dos elementos, atestando que o Mestre possuía um poder que não foi dado a nenhum ser humano exercer.

Os Espíritos Superiores já haviam informado, na questão 539 de *O Livro dos Espíritos*, que, na produção de fenômenos, como tempestades, não há apenas um Espírito atuando. Eles se reúnem em massas inumeráveis!

Trazendo mais luz ao tema, Cairbar Schutel, em *Parábolas e Ensinos de Jesus* (edição Casa Editora "O Clarim"), pág.196, explica que o Mestre não se dirigiu aos ventos e ao mar, mas aos Espíritos que agitavam a atmosfera e encapelavam as águas. O vento e o mar não têm compreensão para obedecer a uma ordem. Os fenômenos do Evangelho resultam sempre de uma causa e Jesus, atuando sobre a causa, fez cessar o efeito!

Além disso, comenta Kardec, ele dormia tranquilamente porque sentia segurança. Deveria ver que não havia nenhum perigo maior e que a tempestade iria apaziguar.

Na verdade, devemos convir que a ocasião permitia uma derradeira lição naquele dia. Sabendo que o vento forte não duraria muito, o Cristo se serviu do episódio para cativar a atenção dos apóstolos, deixando profundos ensinamentos.

Quando eles recorrem ao Mestre, em desespero, não são muito diferentes de nós. Tendemos a nos lembrar de Deus, ou dos Espíritos amigos, quando "a coisa aperta". Quando tudo vai bem, para muitos de nós, é comum até nos esquecermos deles.

Ora, sempre fomos surpreendidos por mudanças no clima, não é verdade? Há ocasiões em que conseguimos prever a aproximação de uma chuva, até que com relativa facilidade. Sentimos aquele cheiro gostoso dela no ar, alguns ficam com o cabelo frisado, outros percebem pelo formato das nuvens. Mas há dias em que ela chega de repente, pegando--nos de surpresa. As aflições, em nossa existência terrena, costumam ser assim, também.

Ensina Kardec no capítulo 5 de *O Evangelho Segundo o Espiritismo* (item 4): "*As vicissitudes da vida são de duas espécies, ou, se assim se quer, têm duas fontes bem diferentes que importa distinguir: umas têm sua causa na vida presente, outras, fora dela*".

Se remontarmos à fonte dos nossos sofrimentos, acabaremos por reconhecer que muitos são consequências naturais de condutas por nós escolhidas na atual existência. São tempestades anunciadas! Constantes brigas em família, desavenças permanentes, ausência de diálogo, familiares se esquivando de realizar o estudo do Evangelho no lar, envolvimento com hábitos viciosos. Uma hora, o tempo fecha!

Mas há dissabores que nos parecem estranhos, pelo menos na aparência. São "tempestades" que não sabemos de onde vêm! Kardec relaciona algumas: "perda de seres queridos, acidentes que nenhuma previdência poderia impedir, reveses financeiros, flagelos naturais, enfermidades de nascimento, crianças que morrem em tenra idade", etc. Se todo efeito tem uma causa – essa é uma lei natural – tais padecimentos devem ter a sua. Se admitirmos um Deus justo, a causa deve ser justa também. E como ela precede o efeito, se não está na vida presente, em anterior certamente estará.

Não devemos, por isso, nos amedrontar ou lamentar. *"O sofrimento que não excita lamentações pode, sem dúvida, ser uma expiação, mas é o indício de que ele foi antes escolhido voluntariamente do que imposto, é a prova de uma forte resolução, o que é um sinal de progresso"* – ensina-nos a Doutrina Espírita, neste belo capítulo da obra O Evangelho Segundo o Espiritismo.

Chico Xavier costumava ensinar que a estrada pavimentada, lisinha, sem buracos, excita o exagero na velocidade. A estrada esburacada nos leva a ir mais devagar, com mais cuidado. Assim são os desafios e as "tempestades" da vida. Surgem em nossa "estrada" para irmos com mais cautela, analisando melhor como estamos fazendo o "percurso".

Por sua vez, escreveu o notável Machado de Assis, em *Memórias Póstumas de Brás Cubas*: "(...) *as botas apertadas são uma das maiores venturas da Terra, porque, fazendo doer os pés, dão azo ao prazer de as descalçar*".

A Doutrina Espírita tem esse condão particular: permite aos seus adeptos retirarem até certo prazer do sofrimento. Não se trata de atitude masoquista, claro. Como na frase do grande escritor brasileiro, é a possibilidade de fruir, antecipadamente, um prazer do qual se tem a convicção que chegará. Para os espíritas verdadeiros, esse prazer é a certeza de que o sofrimento, nas experiências passageiras da Terra, não é uma coisa vã. Entenderemos o seu sentido, mais à frente. E isso é profundamente consolador.

O leitor atento encontrará outros episódios envolvendo Jesus, seus apóstolos e suas embarcações. Na conhecida cena da pesca "milagrosa" (Lucas, 5:1-11), o Mestre entra no barco de Simão Pedro e pede-lhe que o afaste um pouco da praia, entrando mais no mar. Há momentos na vida que pedem ligeiro distanciamento das inquietações terrenas, a fim de se refletir, buscar o concurso sagrado da prece sincera, "entrar no mar", isto é, mergulhar mais profundamente em nós mesmos, a fim de extrair dali os tesouros da paz e da serenidade.

Uma embarcação com Jesus no leme é uma vida com os ensinos do Mestre no coração. Não há o que temer! É só não "pular do barco"...

EM TORNO DA RIQUEZA

CAPÍTULO 4

EM TORNO DA RIQUEZA

Os Evangelhos são relatos vivos e surpreendentes. Neles, desfilam personagens impressionantes, homens e mulheres cujas vidas inspiram e cativam. Mas não faltam aqueles que, em muito, se assemelham a nós. Diríamos, é gente como a gente! Pessoas simples, almas imperfeitas, com sonhos, desejos, necessidades, e que tiveram a oportunidade de cruzar os caminhos do nosso Mestre e Senhor.

No capítulo 12 do texto atribuído ao evangelista Lucas, conhecemos um fato curioso, envolvendo uma dessas pessoas. O Mestre está fazendo um de seus memoráveis discursos à multidão. Subitamente, um homem lhe pede: *"Mestre, ordena a meu irmão que reparta comigo a herança"*.

Naqueles tempos, somente os filhos homens faziam jus à herança paterna. E o mais velho, pelo direito de primogenitura (Deuteronômio, 21:17), gozava de privilégios: recebia porção dobrada dos bens paternos!

É de se presumir que o moço, na multidão, fosse o irmão mais jovem. Com menos direitos e se sentindo lesado pelo mais velho, procura Jesus na qualidade de advogado. Os grandes mestres em Israel, por serem doutos na interpretação das leis, numa sociedade predominantemente analfabeta, deviam ser procurados, com frequência, a fim de darem seus pareceres e solucionar disputas como essa.

Jesus, porém, não quer desempenhar a função. Seu escopo é outro: arrancar o homem dos grilhões da matéria, a fim de que ele se eleve, rumo à sua plenitude.

Identificando naquele moço alguém profundamente necessitado, do ponto de vista espiritual, Jesus inicia um discurso novo, baseado numa advertência séria, uma parábola ilustrativa e, ainda, um sermão final. E como nos beneficiamos com isso!

Em sua primeira abordagem, adverte: *"Guardai-vos de toda avareza, porque a vida de alguém não está na abundância dos seus bens".*

De fato, nada do que é realmente valioso pode ser comprado com bens materiais. Onde comprar a paz de uma consciência tranquila? Adquire-se, financeiramente, a gratidão sincera de um filho? Unem-se irmãos separados por desavenças antigas, apenas com recursos monetários? Que loja vende uma semana de paz a um coração atribulado, desejoso de tirar a própria vida, pela porta falsa do suicídio?

Procurando enriquecer seu discurso, o Mestre o ilustra com uma parábola, contando que as terras de um homem rico produziram muito. Tinha bens acumulados, agora, para muitos anos, podendo dar-se o luxo de repousar, comer, beber, se deleitar. Ao deitar-se, porém, sonhou que Deus lhe dizia: *"Insensato! Nesta noite, requisitam a tua alma de ti; e o que preparastes, para quem será?".*

A riqueza produz certo torpor. A alma cercada de facilidades tende a se desconectar de sua verdadeira identidade. Ofuscada pelo fascínio que os bens materiais exercem, perde o seu foco principal – o compromisso assumido de regenerar-se e crescer, gradativamente, em inteligência e qualidades morais.

Fechando sua fala sobre o tema, Jesus enaltece a confiança em Deus (*"Observai os lírios como crescem! Não labutam nem fiam. Eu, porém, vos digo que nem Salomão, em toda sua glória, vestiu-se como um deles"*) e uma diretriz consistente (*"buscai primeiramente o Reino dele, e estas coisas vos serão acrescentadas"* [...] *"Pois onde está o vosso tesouro, ali estará também o vosso coração"*).

O Espiritismo não faz apologia da pobreza. Ninguém é proibido de prosperar economicamente, se o faz respeitando os direitos daqueles com quem se relaciona.

Ocorre que a riqueza é uma das provas mais desafiadoras para o Espírito matriculado nas experiências da carne. Aprendemos com a Doutrina Espírita, que ela é "mais perigosa que a pobreza" (*O Evangelho Segundo o Espiri-*

tismo, cap. 16, item 7). É o "supremo excitante do orgulho, do egoísmo e da vida sensual", ensina o Codificador.

Agora, entre tantas questões envolvendo a riqueza, uma das que mais intrigam a humanidade gira em torno do problema da desigualdade. Por que não são igualmente ricos os homens? Alguma vez existiu a igualdade absoluta das riquezas? Seria isso possível? Estaria aí o remédio para os males da sociedade? Poucos sabem, mas essas intrigantes e atualíssimas questões foram formuladas por Kardec e constam na obra basilar *O Livro dos Espíritos*, cap. 9, Livro 3 – Lei de Igualdade.

As entidades venerandas, que cooperaram na Codificação, trouxeram notáveis respostas. Aprendemos com estes Espíritos Superiores que a igualdade absoluta não é possível, porque a diversidade das faculdades e dos caracteres se opõe a isso.

Afirmaram eles a Kardec (questão 811 de *O Livro dos Espíritos*): *"Aqueles que acreditam que isso seria o remédio para os males da sociedade não passam de cultores de sistemas, ou ambiciosos cheios de inveja. Não compreendem que a igualdade que sonham, seria logo desfeita pela força das coisas".* E arremataram: *"Combatei o egoísmo, que é a vossa praga social, e não procureis quimeras".*

Preciosos e lúcidos ensinamentos desta nossa abençoada Doutrina Espírita! Quando o ser humano se compenetrar de sua responsabilidade como depositário dos bens a ele confiados por Deus, contribuirá, ainda mais, para o progresso do orbe terrestre.

Afinal, quanta beneficência não poderia ser levada a efeito, ante tantos excedentes econômicos disponíveis, gastos com o entretenimento das pessoas, e com fins militares, por exemplo? Vivemos uma época em que potências mundiais investem, segundo dados recentemente divulgados por veículos sérios de comunicação, valores que superam a casa de cinquenta bilhões de dólares, apenas em armamentos nucleares, anualmente.

Não foi à toa que o Divino Mestre procurou nos prevenir contra a avareza e o mau uso dos bens materiais. Lemos nos Evangelhos Sinóticos outras tantas passagens, como os ensinos "Ninguém pode servir a dois senhores" (Mateus, 6:24), "O jovem rico" (Marcos, 10:17-22), "Um rico dificilmente entrará no céu" (Mateus, 19:23-30) e "Parábola do Rico e de Lázaro" (Lucas, 16:19-31). Todas elas alusivas aos riscos a que a riqueza sujeita o Espírito imortal.

Jesus encerrou seu discurso sobre o tema da riqueza, naquele dia, com uma frase memorável: *"Pois onde está o vosso tesouro, ali estará também o vosso coração"*. Não sabemos o destino do jovem que o procurou para ser seu advogado. Que ele recebeu as melhores orientações espirituais que alguém poderia receber, não restam dúvidas. Foi instruído diretamente pelo Governador Espiritual da Terra. Todavia, o Mestre não se impôs. Ensinou e passou. Fazer uso de suas preciosas lições pertence ao arbítrio de cada criatura.

A pergunta que nos interessa fazer é: onde está o **nosso** tesouro? Ele está nos valores que elegemos como centrais em nossas vidas.

Oxalá eles se fixem, cada vez mais, nos ensinos imorredouros trazidos pelo Mestre Galileu, porque deles "os ladrões não se aproximam, nem as traças destroem".

RIGORISMOS INJUSTIFICÁVEIS

CAPÍTULO 5

RIGORISMOS INJUSTIFICÁVEIS

Numerosas foram as curas realizadas por Jesus. Os relatos evangélicos dizem que, por onde ele andava, ensinava e pregava "o Evangelho do Reino, curando toda a casta de doenças e toda a casta de enfermidades no povo" (Mateus, 4:23).

É impossível determinar quantos foram beneficiados por suas generosas mãos. A ausência de comprovação documental é uma das maiores dificuldades nas pesquisas desta natureza, restando os registros que nos chegam pelas quatro biografias consagradas sobre sua vida: os textos de Mateus, Marcos, Lucas e João.

Porém, se por um lado não é possível determinar quantos foram curados pelos seus imensos poderes, um dado interessante é possível obter, das mais de duas dezenas de curas identificáveis nos textos da Boa Nova. Estamos nos referindo àquelas que Jesus realizava aos sábados.

Há seis relatos bem conhecidos: um homem de mão atrofiada (Mateus, 12:9-14), a mulher encurvada (Lucas, 13:10-17), um hidrópico (Lucas, 14:1-6), o paralítico de Betesda, piscina em Jerusalém, perto da Porta das Ovelhas (João, 5:1-18), um cego de nascença (João, 9:1-41) e a sogra de Pedro (Marcos, 1:29-31).

É preciso lembrar que a Lei de Israel possuía prescrições claras sobre o sábado. Os judeus eram obrigados a descansar nesse dia. O sétimo dia (*Shabbath*, repouso, em hebraico) deveria ser totalmente dedicado a Javé. A palavra, na língua hebraica, está ligada a *Sheba* (sete). O sétimo dia era o dia do repouso. As principais determinações legais se encontram em Êxodo, 20:8; 23:12 e 34:21.

Jesus não era um judeu irresponsável. Submetia-se à observância de regras vigentes na época – do contrário sequer teria permissão de falar nas sinagogas. Mas, certamente não aprovava o rigorismo exacerbado de muitos líderes religiosos.

É que em meio às proibições do sábado, estava, também, a de curar!

O Codificador Allan Kardec explica que Jesus "parecia tomar a tarefa de operar essas curas no dia de sábado, para ter a ocasião de protestar contra o rigorismo dos fariseus quanto à observação desse dia. Queria mostrar-lhes que a verdadeira piedade não consiste na observância das práticas exteriores e das coisas da forma, porém que ela está nos sentimentos do coração" (Cap. 15, item 23 da obra *A Gênese – os Milagres e as Predições Segundo o Espiritismo*).

Os fariseus eram estudiosos da Lei de Israel. Pertenciam à mais influente das seitas que buscavam o monopólio na interpretação dos textos sagrados do Judaísmo.

É preciso sublinhar: "a verdadeira piedade (...) está nos **sentimentos do coração**".

Não devia ser fácil para alguém, com a sensibilidade de Jesus, constatar tamanha falta de piedade, justamente daqueles dos quais se esperava o máximo em matéria de religiosidade. Só o tempo para conseguir amadurecer o espírito humano, fazê-lo avançar e vencer as amarras de pensamentos religiosos mais fundamentados na forma que no fundo.

Lamentavelmente, ainda há muito chão a se percorrer em matéria de superação de extremismos, de intolerâncias religiosas. É que, infelizmente, ainda temos dificuldade de valorizar o sagrado direito à liberdade de nossos semelhantes.

Certa vez, em um programa de rádio, ao comentar o problema do fanatismo religioso, o respeitável filósofo Mário Sérgio Cortella citou marcante frase do pensador e ensaísta espanhol George Santayana, falecido em 1952: *"O fanatismo consiste em intensificar os nossos esforços, depois de termos esquecido o nosso alvo"*. Belíssima definição. Uma vez descartado o alvo, ou a meta da religião, quais sejam, a convivência harmônica, o sentimento fraterno, a "religação" das criaturas a um único Criador (cada qual à sua maneira), só resta "intensificar os esforços" contra aqueles que pensem de forma diferente.

Não é demais lembrar que o Mestre foi radical, tocando a raiz da questão, quando elegeu um samaritano como modelo de caridade, numa de suas mais belas parábolas. Justamente um samaritano, odiado pelos judeus de sua época, por diferenças religiosas.

Uma obra de referência para todo trabalhador das lides doutrinárias do Espiritismo é o livro *Conduta Espírita* (edição FEB), de autoria de André Luiz, psicografia de Waldo Vieira. No capítulo 23 da obra, intitulado "Perante os profitentes de outras religiões", lemos preciosa instrução, da qual destacamos os seguintes apontamentos:

"Estimar e reverenciar os irmãos de outros credos religiosos. O sarcasmo não edifica".

"Não exasperar-se em oportunidade alguma, ainda mesmo pretextando defesa dos postulados

religiosos que lhe alimentam o coração, a fim de evitar o vírus da cólera e as incursões das forças inferiores no próprio íntimo. A exasperação leva ao desequilíbrio e à queda".

O capítulo todo merece atenta reflexão. Para concluí-lo, arrematou o benfeitor espiritual:

"Toda imposição, em matéria religiosa, revela fanatismo. Silenciar todo impulso a polêmicas com irmãos aprisionados a caprichos de natureza religiosa. Discussão, em bases de ironia e azedume, é pancadaria mental".

Ninguém, que conheça um pouco a mensagem do Cristo, pode apresentar-se intolerante contra quem não compartilhe de sua fé. Os espíritas, por exemplo, nunca podem admitir, em seu coração, sentimentos avessos àqueles trazidos por nosso Modelo e Guia. Sua mansidão, nos momentos de testemunho final de sua missão, perante todos, atestava a superioridade e a solidez de suas convicções, absolutamente firmadas na Verdade de que era portador, e que constituem exemplos para nossa conduta pessoal.

Curiosamente, os textos nos quais muitos se apoiam para censurar a fé alheia são os mesmos que proíbem de fazê-lo, pelo menos, no Cristianismo. Senão, vejamos.

Alguns apóstolos de Jesus haviam sido presos pelo sumo sacerdote de Israel e pelos saduceus, membros de uma seita judia formada por volta do ano 248 a.C. Enfurecidos, queriam matá-los, pois haviam desacatado a ordem do Sinédrio, o tribunal judeu, ensinando em nome de Jesus (Atos, 5:17-42).

Um fariseu, porém, de nome Gamaliel, levantou-se naquele tribunal e pediu a palavra, dizendo: *"Dai de mão a estes homens, deixai-os; porque se este conselho ou esta obra vem de homens, perecerá; mas, se é de Deus, não podereis destruí-los, para que não sejais, porventura, achados lutando contra Deus"*. As autoridades concordaram com ele.

Se o que um grupo de almas sinceras realiza é em nome de Deus, isto é, tem endosso da Espiritualidade Superior, não há forças humanas que possam interditá-lo.

O crente sincero há de enxergar, no parecer de Gamaliel, o suave perfume da mensagem do Cristo, enfatizando a tolerância e a compreensão. Basta ter os "olhos de ver".

NORMAS PARA A ATIVIDADE CRISTÃ

CAPÍTULO 6

NORMAS PARA A ATIVIDADE CRISTÃ

Os escritos originais da Bíblia eram feitos em papiro, junco abundante nas margens do Rio Nilo. Estima-se que seu uso tenha surgido em torno de 3.000 a.C. Era o material mais barato e disponível. Esta planta foi, por muito tempo, o material de escrita do mundo literário. A partir do século IV d.C., popularizou-se o pergaminho, refinamento de couro de animais, por iniciativa do rei Eumenes II, de Pérgamo.

Até então, não havia a divisão dos textos bíblicos em capítulos e versículos. Por essa razão é que existem, nas passagens evangélicas, expressões como "ouvistes o que foi dito", "assim como foi dito por", "como disse o profeta" etc. A divisão por capítulos só vai surgir a partir do século XIII, e por versículos, no século XVI.

Curiosamente, todo o capítulo 10 do Evangelho de Mateus, do primeiro ao último versículo, gira em torno de um único tema: o roteiro de instruções que Jesus dá aos seus comandados, os doze apóstolos. Trata-se de um conjunto de normas de trabalho para a atividade cristã iniciante, impecavelmente composto pelo Mestre, com ensinamentos úteis até os dias atuais.

O discurso começa com orientações sobre como proceder, tanto nos casos graves de perturbação espiritual, como de assistência a enfermos. Mateus é bastante sintético nesta informação, limitando-se a dizer que Jesus lhes deu "autoridade" ou "poder" para essas coisas. É mais sensato presumir que o Mestre os capacitou, instruindo como agir adequadamente em cada caso.

Em seguida, vem um direcionamento de objetivos, visando atender primeiro às "ovelhas perdidas da casa de Israel", socorrendo a dor daquelas criaturas, com absoluto desprendimento e confiança na Providência Divina e sem forçar convicções, na imagem simbólica do "sacudir o pó dos pés".

Na sequência, ciente de que todo trabalhador do Evangelho tem que estar preparado para tropeços e dificuldades, Jesus imprime novo rumo ao seu discurso, prevenindo os discípulos contra os riscos e desconfortos da atividade.

Quase no término de sua fala, a fim de motivá-los, não deixa de relacionar uma série de estímulos decorrentes da dedicação à obra, chegando a ponto de afirmar que até os cabelos de suas cabeças estariam contados. Que imagem consoladora!

As prescrições do Mestre culminam com considerações sobre as naturais dificuldades que todo trabalhador cristão enfrenta perante seus familiares, dado o seu engajamento nas lides do Bem. Muitos cristãos não gostariam de enfrentar dissabores nesse campo. Todavia, o Mestre encerra sua fala garantindo que toda tarefa, praticada em seu nome, por menor que seja, resulta em benefícios àqueles que as praticam, pela dinâmica do "semear e colher".

Neste sentido, escreveu Honório Onofre de Abreu, na obra *Luz Imperecível* (edição UEM), capítulo 53, que "o homem, com sua mentalidade acomodatícia, costuma ainda sonhar com a felicidade conquistada sem esforço". Mas a paz que o Mestre promete trazer não é privilégio da coletividade, é "conquista individual". Ele não a traz para o mundo exterior; traz os meios para "cada um obtê-la no íntimo".

Este capítulo 10 de Mateus é digno de nota. É uma descrição minuciosa de procedimentos, com explicações objetivas e claras, repleta de aconselhamentos, advertências e cuidados, mas que não dispensa carinhosos estímulos, para motivação dos apóstolos. O Mestre foi, para aqueles homens, um líder completo!

Atualmente, as modernas instituições espíritas, como verdadeiras "embaixadas do Céu" na Terra, são locais em que almas sinceras têm oportunidade de vivenciarem o Espiritismo, através de seu estudo e sua prática, com amplas possibilidades para o exercício da caridade desinteressada.

No entanto, para que as coisas fluam de forma ordeira e equilibrada, também não se pode dispensar a adoção de normas que, longe de "engessarem" a instituição, existem para que seus objetivos sejam atingidos com maior eficácia, beneficiando a todos.

Mesmo assim, é comum verificar que muitos dos seus tarefeiros sentem dificuldades, ou de adaptação à disciplina e à assiduidade requerida para o desempenho das tarefas, ou de ter que seguir normas, regimentos e estatutos. Ocorre que nem sempre tiveram oportunidade de compreender esse aparato, que é fruto de uma longa vivência de colaboradores que muito sofreram (e aprenderam) no dia a dia da instituição.

Importante relembrar que a adaptação à disciplina do trabalho no plano material antecipa algo que aguarda o trabalhador nas esferas espirituais.

José Passini, em matéria publicada na Revista *Reformador* (edição FEB), em outubro de 2013, recordou o instrutor espiritual Aniceto, portador de bondade e conhecimento profundos e notável senso de disciplina, para si como para aqueles que trabalham com ele. Disse Passini que, se Aniceto chefiasse alguma equipe, aqui na Terra, certamente encontraria forte resistência entre alguns trabalhadores, que o julgariam extremamente exigente.

Em alguns trechos do capítulo 3 da obra *Os Mensageiros* (edição FEB), de André Luiz, psicografada por Francisco Cândido Xavier, vê-se Aniceto dizer, em dado momento: "*O departamento de trabalho afeto à nossa responsabilidade aceita somente os colaboradores interessados na descoberta da felicidade de servir. Comprometemo-nos, mutuamente, a calar toda espécie de reclamação*". Mais à frente, demonstrando que no plano espiritual as coisas não andam às cegas, e que o trabalhador precisa ser orientado por normas, antes de começar uma tarefa, intima: "*Esclareça ao novo candidato os nossos regulamentos e venham juntos para as instruções após o meio-dia*".

É preciso atentar para o uso da palavra "regulamento" no plural. Se ela significa um conjunto de normas, no plural sinaliza a existência de várias delas, todas voltadas para a preparação do trabalhador.

Vê-se, assim, que a disciplina e a ordem em instituições cristãs sérias não são exageros dos companheiros que as dirigem, antes é prática responsável que encontra respaldo na atividade das Esferas Superiores, oferecendo ao trabalhador espírita, como lembrou o articulista de *Reformador*, oportunidades aqui na Terra, onde as exigências são menores, a fim de que ele se capacite à integração com equipes de trabalho no Plano Espiritual.

Jesus sabia dessas coisas, por isso preparou os seus apóstolos com o código do bom discípulo. Se até o Mestre não dispensou normas de trabalho, uma espécie de "Regimento do Apóstolo", como pretendermos que nossas instituições funcionem sem elas? Regulamentos servem para nos orientar para a tarefa e suprimir os erros indesejáveis na atividade cristã. Afinal, é preciso frisar, o objetivo maior é bem atender os assistidos e fazer isso de forma ordeira, disciplinada e amorosa, é o mínimo que nos cabe, na condição de voluntários do Evangelho. Compreender e aplicar isso em nossas instituições é mera obrigação dos que já entendem que serve melhor quem procura servir direito.

CAPÍTULO 7

ERVAS DANINHAS

Jesus andava por toda parte, fazendo o bem. Percorria todas as cidades e povoados que podia, ensinando nas sinagogas e nas ruas e curando enfermos do corpo e da alma.

As multidões o seguiam, graças ao seu poderoso magnetismo, à consolação de suas palavras, aos fenômenos que produzia. E o quadro de necessitados era imenso aos seus olhos.

Havia muita pobreza e desemprego, como retratado na narrativa dos trabalhadores que ficavam nas praças, aguardando quem os assalariasse (Mateus, 20:6). A desnutrição era uma realidade cruel. Proliferavam doenças como a malária e a hanseníase. Curar pessoas dessas enfermidades devia ser impactante. É em grande parte graças a isso que a popularidade do Mestre era crescente.

Em uma dessas andanças, ao contemplar a multidão de necessitados, Jesus, compadecendo-se delas, exclamou para os discípulos: *"A seara, na verdade, é grande, mas os trabalhadores são poucos"* (Lucas, 10:2).

O termo "seara" aparece com frequência nos Evangelhos, designando um campo semeado, uma extensão de terra em que se cultiva algo. Jesus quer se referir ao mundo como esse campo e, ao trabalho voluntário no bem, o serviço que a seara oferece. Por ser imensa, sempre necessita de colaboradores dispostos.

Bem se vê que não é de hoje a carência de tarefeiros em trabalhos voluntários. Mas o Mestre nunca desanimou. Permanece "assalariando" colaboradores para continuar cuidando, com desvelo e carinho, da imensa seara que o Pai lhe confiou.

Trazendo essa realidade para os nossos dias, ficamos a pensar na bênção que é a oportunidade do engajamento espontâneo nas lides do Cristo. Espíritos marcados por infinitas limitações, recebemos do Divino Amigo a chance de reformularmos completamente nossos destinos, consagrando-nos ao serviço humilde junto àqueles que, como nós, buscam sentido para suas existências.

Em razão disso, frequentemente nos perguntamos: como podemos ser admitidos como trabalhadores do Evangelho, quando apresentamos tantos defeitos que estão em desacordo com a pureza dos ensinos do Mestre?

É Ele mesmo quem vai lançar luz sobre essa dificuldade, nos esclarecendo uma vez mais. E o faz através de recurso pedagógico que usava com maestria: contar pequenas estórias, conhecidas como parábolas – uma estória com fundo moral.

Sim, os hebreus adoravam esse recurso! Há várias destas narrativas no Antigo Testamento, algumas bem conhecidas, como a parábola das árvores que escolheram um rei (Juízes, 9:8-15), a parábola da vinha má (Isaías, 5:1-7) e a parábola das duas águias e da videira (Ezequiel, 17:3-10). Com Jesus, porém, elas adquirem um novo *status*. Não são, apenas, em número bem maior que todo o Antigo Testamento. Superam-no, e muito, em beleza e espiritualidade. São perfumes, com os quais o Mestre consegue nos impregnar.

    O capítulo 13 do texto atribuído a Mateus é repleto destas estórias. Chamaremos a atenção, aqui, para a Parábola do Joio e do Trigo (Mateus, 13:24-30). É ela que responde à pergunta que formulamos há pouco: como pode o Cristo nos admitir como seus trabalhadores, se ainda carregamos tantos defeitos?

    Aprendemos com essa formosa parábola que os servos de um agricultor queriam arrancar o joio que estava crescendo no seu trigal. O dono da terra, porém, os impediu: "*Não! Replicou ele, para que, ao separar o joio, não arranqueis também com ele o trigo*". O joio, uma gramínea muito parecida com o trigo, cresce ao seu lado e o sufoca.

    Também são assim nossas imperfeições, leitor amigo. Sufocam a parte boa que, embora embrionária, já trazemos em nós, como virtude potencial.

Escreveu o professor Eliseu Rigonatti, na obra *O Evangelho dos Humildes* (edição Pensamento), que se os benfeitores espirituais fossem agir energicamente contra nós, pelos defeitos que possuímos, sofreríamos na parte boa que trazemos conosco; correríamos o risco de nos afastarmos, perdendo "a oportunidade de regeneração completa, a qual seria relegada para um futuro, por vezes remoto".

Emmanuel, por sua vez, na obra *Vinha de Luz* (edição FEB), psicografia de Francisco C. Xavier, capítulo 107, ensina que ao recomendar o crescimento simultâneo do joio e do trigo, o Cristo não quis demonstrar senão a sublime tolerância celeste, no quadro das experiências da vida. Acompanhemos pequeno trecho:

"O Mestre nunca subtraiu as oportunidades de crescimento e santificação do homem e, nesse sentido, o próprio mal, oriundo das paixões menos dignas, é pacientemente examinado por seu infinito amor, sem ser destruído de pronto".

E conclui: *"(...) o joio não cresce por relaxamento do Lavrador Divino, mas sim porque o oti-*

mismo do celeste Semeador nunca perde a esperança na vitória final do bem".

Jesus é incomparável! Que coração magnânimo! Como devemos ser gratos a Deus por nos ter confiado um Modelo e Guia tão otimista e tão capacitado para trazer ensinamentos sublimes, retirados das coisas simples da vida!

Emmanuel foi muito lúcido ao analisar essa lição do Mestre, ao dizer que "o próprio mal, oriundo das paixões menos dignas, é pacientemente examinado por seu infinito amor" e que ele "nunca perde a esperança na vitória final do bem".

Atribui-se ao filósofo norte-americano Ralph Waldo Emerson, falecido em 1882, este belo pensamento: *"O que é, afinal, uma erva daninha senão uma planta, da qual ainda não se descobriram as virtudes?".*

É interessante como o Criador do Universo trabalhou para que existissem virtudes em potencial até mesmo em coisas que, *a priori*, não as aparentem ter. Conosco não é diferente, apesar do "joio" que teima em crescer. Falta-nos, apenas, "descobrir essas virtudes", criando condições para que cresçam.

É preciso permitir que o otimismo do Mestre nos contagie, a fim de que acreditemos mais em nós mesmos, desenvolvendo potências que trazemos em nosso próprio ser e que estão apenas aguardando nossa iniciativa, para poderem desabrochar.

Escreveu Meimei, na obra *Palavras do Coração* (edição Cultura Espírita União), psicografia de Francisco C. Xavier: "*Amigo, continua servindo e não temas. Onde viste o lavrador que deitasse as sementes na terra e as visse germinar, no mesmo instante? O serviço que te confiei é aquele mesmo que o Pai me deu a fazer... Nenhum gesto de bondade e nenhuma palavra de amor se perdem na construção do Reino do Bem Eterno*".

No simbolismo da Bíblia, o homem se sujeitou a perder sua vida no jardim do Éden (Gênesis, 3:1-24). Deus, porém, em sua misericórdia, enviou à Terra um Jardineiro especial, o mais competente de todos que para cá vieram. Este jardineiro é o Cristo. Com o orvalho do seu amor envolvente, prossegue regando as ervas daninhas que ainda somos, na permanente e doce certeza de que, um dia, apresentaremos virtudes que sejam úteis em seu imenso jardim.

UMA ESCADA PARA O CEU

CAPÍTULO 8

UMA ESCADA PARA O CÉU

Uma das mais belas páginas da Codificação, a respeito do vício do orgulho, é assinada por um irmão espiritual que se identifica como Adolfo, bispo de Argel. Quando encarnado, foi um religioso católico francês, eleito primeiro bispo daquela cidade, no ano de 1838.

Ele inicia sua mensagem aos espíritas, levantando a seguinte reflexão: *"Homens, por que lamentais as calamidades que vós mesmos amontoastes sobre a vossa cabeça? Desprezastes a santa e divina moral do Cristo; não vos admireis de que a taça da iniquidade tenha transbordado por toda parte".*

É esse venerando amigo quem vai nos chamar a atenção ao explicar que o orgulho é fonte para todos os nossos sofrimentos.

Nestes turbulentos dias, a inquietação que parece assolar o mundo não nos deveria soar estranha. Não temos a quem debitar esses dissabores, senão a nós mesmos, uma vez que parecemos querer nos esmagar, uns aos outros.

Explica o benfeitor espiritual, que tal estado de coisas é sempre um sinal de decadência moral, sendo imperioso nos precavermos das armadilhas que o orgulho trama, porque quando ele atinge os seus limites, uma queda próxima se anuncia. É que Deus sempre pune a soberba. Se deixa a criatura humana, algumas vezes, subir, é para dar-lhe o tempo devido a fim de refletir e emendar-se, sob os golpes que, de tempos a tempos, desfere no seu orgulho como advertência.

A mensagem do bispo de Argel é uma instrução digna de ser lida na íntegra. Kardec a insere, com muita propriedade, no item 12 do capítulo 7 de *O Evangelho Segundo o Espiritismo*, intitulado *Bem-aventurados os Pobres de Espírito*. Este é um, dos cinco capítulos da obra, dedicados pelo Codificador às beatitudes ensinadas por Jesus, no célebre Sermão do Monte.

É importante lembrar que o ensino "Bem-aventurados os Pobres de Espírito" é a porta de entrada das Bem-aventuranças do Mestre. Não é por acaso. A humildade é virtude essencial na vida do cristão. Dela, o Cristo deu exemplos, durante toda a sua vida, desde o nascimento, num tabuleiro reservado para colocar comida aos animais, até o desfalecimento numa cruz, suplício reservado às criaturas mais desprezadas da época.

Seu ensino, através da expressão "pobres de espírito", necessita ser bem compreendido. Allan Kardec explica que os incrédulos se divertem com essa máxima **porque não a compreendem**. Jesus não se referia aos tolos, mas aos humildes, ensinando que "o Reino dos Céus é destes e não dos orgulhosos". É preciso considerar que o aramaico, língua falada na época, não possuía riqueza de verbetes e há também o problema das sucessivas traduções pelas quais os textos originais passaram.

No Evangelho, atribuído a Mateus (capítulo 18, versículos 1 a 5), veremos Jesus combater o vício do orgulho, em um dos grandes momentos da sua missão de educador da humanidade. Os seus discípulos se aproximam, perguntando: *"Quem é, porventura, o maior no reino dos céus?"*.

A competição entre eles era um dos muitos desafios que o Mestre enfrentava. Frequentemente ele os surpreendia discutindo sobre isso (Marcos, 9:33-34).

Didaticamente, porém, o Cristo lança mão de uma criança, que estava próxima do grupo, naquele instante. Chamando-a e colocando-a no meio deles, explica: *"Em verdade vos digo que, se não vos converterdes e não vos tornardes como crianças, de modo algum entrareis no reino dos céus"*.

A imagem da criança foi um recurso pedagógico perfeito. O historiador e doutor em História Social, Leandro Karnal, em programa exibido pelo canal de televisão *BandNews*, em 24/11/2016, trouxe luz sobre a questão. Segundo ele, naqueles recuados tempos, as crianças não tinham valor para a sociedade. Eram consideradas como adultos estúpidos e, inclusive, vestidas como um. Começavam a trabalhar desde muito cedo. Também eram sentenciadas à morte e torturadas, como adultos. E uma das reminiscências desta época aparece na fábula infantil sobre João e Maria, duas crianças abandonadas pelos próprios pais em uma floresta, numa época de escassez de alimentos.

Em função desse quadro, é possível compreender porque as plateias, nos circos romanos, não se chocavam com o assassinato de crianças, naqueles espetáculos de horror.

O Mestre, conhecedor desse quadro social, chocante aos nossos olhos atuais, mas perfeitamente natural para a época, emprega a imagem da criança, que não tinha valor aos olhos dos homens, para dizer que era necessário ser igual a ela: não se atribuir valor algum. Em outras palavras, é necessário nos reconhecermos iguais, uns aos outros, não nos considerando maiores ou melhores que ninguém.

Frequentemente Jesus abordava o tema do orgulho. É conhecida uma parábola, que ele contou a fim de instruir um grupo de indivíduos que se consideravam justos, desprezando os demais. Trata-se da Parábola do Fariseu e do Publicano (Lucas, 18:9-14), duas personagens muito comuns da sociedade da época.

Ambos haviam subido ao Templo para orar. O primeiro, tido como um justo pela sociedade, orava, dizendo: "Ó Deus, graças te dou, porque não sou como os demais homens (...) nem ainda como esse *Publicano*". Os Publicanos eram os agentes responsáveis pela cobrança dos impostos e, por lidarem com esta arrecadação, eram mal vistos, uma vez que muitos deles se deixavam corromper no exercício da função.

Orando, porém, o cobrador de impostos nem ousava levantar os olhos ao céu, mas batia no peito, dizendo: "Ó Deus, sê propício a mim, pecador!".

Jesus encerra a parábola dizendo que o último voltou para casa justificado, e não o primeiro, tido como santo. Conquanto isso soasse chocante para a época, as pessoas entenderam que "o que se exalta será humilhado, mas o que se humilha será exaltado".

Quando o Mestre enfatiza a necessidade da humildade, explicando que, sem ela, o acesso às regiões espirituais superiores é vedado (*"de modo algum entrareis no reino dos céus"*), ele está se referindo a uma lei divina, vigente em todos os pontos do Universo.

Aprendemos com o Espiritismo que isso tem consequências práticas. Geralmente, os grandes no mundo dos Espíritos foram pequenos na Terra. Ao passo que aqueles que foram grandes e poderosos, ali se encontram, frequentemente, entre os bem pequenos.

Ensinou o Codificador, neste capítulo 7 da sua obra (item 6): *"Não procureis, pois, o primeiro lugar na Terra, nem queirais sobrepor-vos aos outros, se não quiserdes ser obrigado a descer. Procurai, pelo contrário, o mais humilde e o mais modesto, porque Deus saberá vos dar um mais elevado no céu, se o merecerdes".*

Existe uma "escada para o céu", leitor amigo. Seus degraus estão acessíveis a todo que se faz merecedor deles, combatendo em si o vício do orgulho e guiando-se pelas orientações do Divino Mestre, começando por esquecer mais de si mesmo e dispondo-se a servir, sem reclamar.

"EIS O HOMEM"

CAPÍTULO 9

"EIS O HOMEM!"

A frase, que intitula este capítulo, teria sido pronunciada pelo procurador romano da Judeia, Pôncio Pilatos, ao apresentar Jesus ao povo, antes de sua crucificação (João, 19:5).

A apresentação do Mestre, nas condições em que ele se achava, ferido, vestindo um manto púrpura e com uma coroa de espinhos na cabeça, é perturbadora e chocante. Renomados pintores retrataram a cena, em obras que ficaram conhecidas pela frase em latim *Ecce Homo*.

A Doutrina Espírita vem, hoje, fazer-nos outra apresentação de Jesus. Muito diferente. Não pela boca de um homem, investido de poder temporal, mas com o auxílio das vozes dos imortais, que retrataram Jesus como ele deve ser conhecido.

Sabemos que nosso objetivo na Terra é cuidarmos do próprio aprimoramento espiritual, evoluir sempre, até não sofrer mais influência da matéria, adquirindo superioridade intelectual e moral (*O Livro dos Espíritos*, questão 112).

Ciente da aridez desta jornada, indagou Kardec aos Espíritos Superiores, sobre qual seria o tipo mais perfeito para nos ajudar nesse propósito, servindo-nos de modelo e guia. É a questão 625 da primeira obra da Codificação. As entidades venerandas responderam, simplesmente: *"Vede Jesus"*.

Uma das características dos Espíritos elevados é a concisão: conseguem dizer muito, com poucas palavras. A resposta, curta e objetiva, convida ao exame mais profundo da vida do Mestre, como ele se portava, como ensinava, como procedia nas diferentes situações com as quais se deparava.

Ao iniciar seus comentários à resposta obtida, Allan Kardec afirmou que "Jesus é para o homem o modelo da perfeição moral que a humanidade pode pretender sobre a Terra" e a doutrina que ensinou é a mais pura expressão das leis de Deus, "porque ele estava animado do espírito divino e foi o ser mais puro que apareceu sobre a Terra".

De fato, quando nosso planeta surgiu, Jesus já era um Espírito puro! Há quase cinco bilhões de anos o Mestre já havia atingido o topo da escala dos Espíritos depurados.

O benfeitor espiritual Emmanuel, em psicografia de Francisco Cândido Xavier, explica, no livro *A Caminho da Luz* (edição FEB), capítulo 1, que o Mestre foi responsável por operar "a escultura geológica do orbe terreno, talhando a escola abençoada e grandiosa, na qual o seu coração haveria de expandir-se em amor, claridade e justiça". Jesus organizou, na Terra, "o cenário da vida, criando, sob as vistas de Deus, o indispensável à existência dos seres vivos do porvir".

Todavia, tais informações sobre a sua evolução não são privilégio da literatura espírita. O capítulo 17 do Evangelho atribuído a João transmite uma oração que ele teria feito ao Pai, momentos antes de sua condenação e morte. Os textos evangélicos, geralmente, apresentam as passagens, dando-lhes títulos. Esta oração do Mestre, em algumas versões na língua portuguesa, é chamada de "A oração sacerdotal de Jesus". A função de um sacerdote, desde os tempos do Antigo Testamento, era servir de mediador entre o povo e Deus. Por meio de sacrifícios e rituais, a mediação se dava, a fim de que as pessoas, antes distantes de Deus, a ele se achegassem, pela purificação dos seus erros. Jesus seria, assim, o mediador por excelência, aquele que realmente se tornou capaz de unir a criatura humana com o seu Criador. É claro que o tema é matéria para longos e calorosos debates, sobretudo para teólogos e exegetas que se debruçam, permanentemente, sobre os textos bíblicos, visando a sua fiel interpretação.

Aqui, desejamos apenas olhar, um pouco mais, a envolvente prece do Mestre, que deixa transparecer informações muito interessantes, que confirmam a tese espírita sobre ele. No quinto versículo, lemos: "*e, agora, glorifica-me, ó Pai, contigo mesmo, com a glória que eu tive junto de ti, antes que houvesse mundo".*

E no desfecho do versículo vinte e quatro, lê-se: *"porque me amaste antes da fundação do mundo".*

É o texto evangélico demonstrando que Jesus estava com o Pai, antes mesmo de a Terra ser criada!

Aprendemos com a Doutrina Espírita, sobretudo nas questões 113 e 115 de *O Livro dos Espíritos*, que Deus cria todos os Espíritos simples e ignorantes, isto é, sem ciência. Aqueles que atingiram o topo da escala espiritual percorreram todos os seus graus e se despojaram de todas as impurezas da matéria. Alcançaram a soma de perfeições de que é suscetível toda criatura. Foi o que aconteceu com o Cristo, há bilhões de anos!

Enriquecendo o tema, a Revista Espírita de fevereiro de 1868 contém uma mensagem que encabeça as *Instruções dos* Espíritos, intitulada *Os Messias do Espiritismo*, item 4º, onde o benfeitor espiritual Lacordaire afirma que, ao lado de Deus, estão numerosos Espíritos chegados ao topo da escala dos Espíritos Puros. São chamados de Messias e mereceram ser iniciados nos desígnios do Criador, para dirigirem e executarem Suas ordens. É entre estes Espíritos que Deus escolhe seus enviados superiores, encarregando-os de missões especiais, cujos detalhes de execução são confiados a outros Espíritos, encarnados ou desencarnados, agindo por suas ordens e sob sua inspiração.

Allan Kardec irá desenvolver um pouco mais o tema, no capítulo 3, item 12, da 1ª parte da obra *O Céu e o Inferno (ou a Justiça Divina) Segundo o Espiritismo*, explicando que esses seres espirituais, na execução da vontade de Deus, "presidem a formação de mundos", um encargo glorioso ao qual não se chega, senão pela perfeição que a todos cabe atingir.

É bom lembrar que a felicidade desses Espíritos bem-aventurados não consiste na ociosidade contemplativa. A suprema felicidade consiste no gozo de todos os esplendores da Criação, que nenhuma linguagem humana saberia descrever; no conhecimento de todas as coisas; na ausência de toda pena física e moral; em uma serenidade da alma que nada altera; no amor puro que une todos os seres e, acima de tudo, na visão de Deus e compreensão de seus desígnios, revelados apenas aos mais dignos.

Esses Espíritos nobres, que alcançaram mais rapidamente o progresso, graças à submissão às leis de Deus, constituem-se em guias e modelos para toda a humanidade. Mensageiros e ministros de Deus, cujas ordens executam para a manutenção da harmonia universal, são verdadeiros representantes da divindade, **da qual têm o pensamento**.

Pilatos teve a desventura de apresentar Jesus ao povo, como um derrotado.

Os Espíritos Superiores da Codificação, ao contrário, tiveram a ventura de apresentá-lo como um vencedor. Que grandioso Espírito ele é! Como é digno do nosso mais profundo respeito! Dele bem falou João Batista, seu primo, ao dizer que não era digno de desatar-lhe as correias das sandálias (Marcos, 1:7).

Se nos fosse permitido voltar no tempo, até um encontro com o Batista, seria um dever de consciência lhe dizer:

- Muito menos nós, João! Muito menos nós!

LIÇÕES VIVIDAS

CAPÍTULO 10

LIÇÕES VIVIDAS

Atribui-se a Mahatma Gandhi a frase que diz: *"Se toda a literatura ocidental se perdesse e restasse apenas o Sermão da Montanha, nada se teria perdido"*. Admirável pensamento deste líder indiano, conhecido por encabeçar o movimento pela independência da Índia, através do protesto pacífico e que, mesmo sem ser cristão, compreendeu a superioridade dos ensinamentos do Mestre Jesus.

Rios de tinta já correram para comentar e interpretar as palavras que o Cristo pronunciou, no inesquecível discurso, também conhecido como Sermão do Monte. Aqui, vamos convidar o leitor para saborear apenas algumas palavras iniciais do Mestre, que ficaram conhecidas como **Bem-aventuranças** (Mateus, 5:1-12)

Serviremo-nos de interessante estudo, elaborado por equipe de trabalhadores da

Federação Espírita Brasileira, que as comentaram, com apoio em textos de Allan Kardec, Vinícius, Humberto de Campos e Emmanuel. Consta do Curso de Estudo Aprofundado da Doutrina Espírita, com sugestões direcionadas ao estudo do Espiritismo, na forma de livros, disponíveis em sua página na Internet, a quem se interessar.

O destaque inicial a se fazer é: o sermão das Bem-aventuranças é "dirigido, em especial, aos sofredores (...) cansados e oprimidos pelo peso das provações". É que "os vencidos quebraram os elos mais fortes" que acorrentam o homem às ilusões. "Suas almas são a terra fecundada pelo adubo das lágrimas e das esperanças", afirma Humberto de Campos, no capítulo 11 do livro *Boa Nova* (edição FEB).

A primeira frase do Mestre busca as pessoas simples, ao afirmar que são felizes os **pobres de espírito**. Aqui é preciso entender os humildes, como já foi abordado. Ao comentar a expressão, Allan Kardec, em *O Evangelho Se-*

gundo o Espiritismo, capítulo 7, complementou: "*Os homens de saber e de espírito, no entender do mundo, formam geralmente tão alto conceito de si próprios e da sua superioridade, que consideram as coisas divinas como indignas de lhes merecer a atenção. Concentrando sobre si mesmos os seus olhares, eles não os podem elevar até Deus. Essa tendência, de se acreditarem superiores a tudo, muito amiúde os leva a negar aquilo que, estando-lhes acima, os depreciaria*".

Na sequência, a exortação do Mestre se dirige aos **aflitos**. E, novamente, precisamos passar o microfone para o Codificador. No capítulo 5 da obra, inicia explicando a justiça das aflições, suas causas atuais e anteriores e entra numa abordagem fascinante, chamada Motivos de Resignação. Ali aprendemos que o homem que sofre é como um devedor, que deve uma grande quantia, mas que pode quitá-la, integralmente, pagando apenas uma parte dela. Deus é esse credor compassivo, que suaviza o resgate, porque suas leis também são feitas de misericórdia.

Sobre as aflições, não podemos nos furtar de citar um belo pensamento de João da Cruz, sacerdote espanhol, venerado como santo pelos católicos, falecido no ano de 1591. Recordamos que ele se servia da imagem da lenha consumida pelo fogo que, quanto mais arde, mais se torna incandescente, até que ela e o fogo se tornam uma coisa só. De fato, a madeira em chamas se retrai no início da queima, depois solta vapores, libera produtos químicos e biológicos, perde massa, muda de cor... até que ela e o fogo se fundem e são uma coisa só. Assim, a alma que aprende a lidar com suas dores e sofrimentos, identificando-se com eles, vence o processo da aflição, da "queima", e ilumina-se.

Sim, as Bem-aventuranças do Mestre se dirigem aos corações abertos às coisas espirituais. Encontram eco entre aqueles que se iludem menos com as paixões humanas e calam fundo nas almas onde o sofrimento já cavou aquele sulco abençoado, propício para receber a semente generosa da Verdade.

Vem, em seguida, a lição sobre os **mansos**, não querendo dizer os "mansos como passivos ou apáticos", mas "aqueles que têm aberto o coração às claridades espirituais". É que "quanto mais a pessoa compreende, menos quer, menos possui e mais desfruta da vida".

A próxima Bem-aventurança se direciona aos que, **famintos pela justiça** do Reino, "renascem oprimidos (...) a fim de reajustar sua caminhada evolutiva". O seu brado "dimana do anseio por uma vida feliz, embora, nem sempre sejam merecedores do atendimento". Por esse "fio de esperança" e pelo "esforço de melhora interior" acabarão por serem "fartos".

Na sequência, Jesus fala sobre os **misericordiosos**. Sabe-se que "é dando que se recebe, ou seja, o que oferecemos à vida, a vida nos restitui". "Devedores perante a Lei, a misericórdia por nós operada voltará em nosso benefício, atenuando os nossos débitos".

São também bem-aventurados os **limpos de coração**: "Uma superfície limpa é capaz de refletir a luz. Um coração puro reflete a luz divina. A má utilização do livre-arbítrio nos macula, fazendo com que gravitemos ao redor de Espíritos impuros, em razão da lei de afinidade. Pela assepsia de pensamentos como pela seleção de atitudes, nos tornamos pessoas melhores".

Finalmente, Jesus enaltece os **pacificadores** e os **perseguidos** por amor ao seu Reino. Há diferença fundamental entre pacífico e pacificador. "Pacificador é aquele que, além de pacífico, trabalha, age, em favor da paz. O pacífico, às vezes, pode ser passivo. O pacificador, necessariamente, tem que ser ativo, atuante. Jesus, aceitando por amor a cruz do calvário, revelou-se pacífico. Perdoando os algozes, os agentes da crucificação, tornou-se pacificador".

Sobre a lição, ensina Humberto de Campos, no livro *Relicário de Luz* (edição FEB), capítulo Visão Moderna: *"Bem-aventurados os pacificadores que toleram sem mágoa os pequenos sacrifícios de cada dia, em favor da felicidade de todos, que nunca atiçam o incêndio da discórdia com a lenha da injúria ou da rebelião (...) serão considerados filhos obedientes de Deus".*

Que direcionamento para nós, trabalhadores da causa cristã, para que não sejamos aqueles que acendem o "incêndio da discórdia e a lenha da injúria" em nossas instituições!

Impossível não se emocionar com a vida de Jesus. Sua exemplificação é singular. Que capacidade extraordinária de chamar para si a responsabilidade de trazer um conjunto tão elevado de ensinamentos e, ao mesmo tempo, vivenciá-los em plenitude, numa encarnação impecável! As Bem-aventuranças são lições vividas pelo Mestre, entre nós.

De fato, Jesus não escolheu nascer em Roma ou Atenas, cidades proeminentes à época. Nasce como uma criança **pobre**, como um escravo, na paisagem rude de um território colonizado. Desde cedo, ele é o **aflito**, que precisa fugir, junto com sua família, da ira herodiana. E **manso**, inicia o seu ministério, aguardando João Batista fazer o seu trabalho.

Faminto e sedento de justiça, começa a pregação das Verdades Espirituais do Reino. **Misericordioso**, a todos atende, curando enfermos, esclarecendo Espíritos impuros, multiplicando bênçãos por toda parte. Termina sua existência terrena de **coração limpo e puro**. Ante a ira dos seus perseguidores, conclama seus discípulos a não agredir e, **pacificador**, deixa-lhes "a sua paz". Encerra uma vida de amor aos seus semelhantes, **perseguido** por total devotamento às Leis Divinas.

A vida do Mestre é a síntese das Bem-aventuranças. Por isso ele é o modelo perfeito. Não ensinou só com palavras. Viveu integralmente suas lições, a fim de compreendermos melhor como devemos caminhar.

ESSÊNCIA VERSUS APARÊNCIA

CAPÍTULO 11

ESSÊNCIA *VERSUS* APARÊNCIA

Lê-se, na Introdução de *O Evangelho Segundo o Espiritismo*, item I, interessante consideração de Kardec, que diz: "*Muitas passagens do Evangelho, da Bíblia, e dos autores sagrados em geral,* são ininteligíveis, e muitas mesmo parecem absurdas, por falta de uma chave que nos dê o seu verdadeiro sentido".

O que o Codificador está nos dizendo? Que os textos bíblicos demandam explicações que os tornem compreensíveis, sobretudo o ensino moral neles contidos, a fim de que impactem nas ações das pessoas, fundando-as "na mais rigorosa justiça".

Queremos chamar a atenção para o fato de Kardec mencionar os escritos dos "autores sagrados". Realmente, há muito a ser explorado nos textos destes notáveis escritores, como Santo Agostinho, Inácio de Antioquia, Clemente de Alexandria, seu discípulo Orígenes, Tertuliano, Francisco de Assis, para citar alguns. É um campo rico de estudos.

Por exemplo, credita-se a Francisco de Assis a seguinte fala: *"o homem é, diante de Deus, aquilo que ele é, nada mais"*. É um valioso ensinamento! A ênfase para a sinceridade, para a transparência, para uma vida longe do "aparentar ser" aquilo que não se é. Uma crítica direta a um dos grandes vícios humanos: a hipocrisia, a capacidade que temos de fingir virtudes ou sentimentos.

Tanto na língua grega quanto no latim, a palavra hipocrisia remete à representação de um papel, uma teatralização. Como precisamos nos prevenir desse vício!

Aprendemos na obra *O Céu e o Inferno (ou a Justiça Divina) Segundo o Espiritismo*, 1ª parte, capítulo 3, item 8, que "tudo o que constitui o homem de bem ou o homem perverso tem por motor, por objetivo e por estimulante, as relações do homem com seus semelhantes" e que "a vida social é a pedra de toque das boas e das más qualidades".

A hipocrisia é uma destas más qualidades, cujas consequências são tão negativas que Kardec chega a dizer que desmascará-las "pode constituir um dever, pois mais vale caia um homem, do que virem muitos a serem suas vítimas" (*O Evangelho Segundo o Espiritismo*, capítulo 10, item 21).

Jesus não se esquivou desse dever, em sua missão terrena. Não são poucas as passagens que demonstram sua luta para dissuadir os falsos religiosos do seu tempo, sobretudo entre os fariseus e os saduceus. Indispensável que o estudioso dos textos evangélicos se aproprie de mais detalhes sobre essas personagens bíblicas. Delas, Kardec deu razoáveis informações na Introdução de *O Evangelho Segundo o Espiritismo*.

O texto atribuído a Mateus é rico ao demonstrar o esforço do Cristo em lutar contra a hipocrisia religiosa. Vê-lo-emos advertir: "*guardai-vos de exercer a vossa justiça diante dos homens, com o fim de serdes vistos por eles"* (6:1). Em outro momento, recomendará: *"Acautelai-vos dos falsos profetas, que se vos apresentam disfarçados em ovelhas, mas por dentro são lobos roubadores"* (7:15). Mais à frente, admoestará: *"Hipócritas! Bem profetizou Isaías a vosso respeito, dizendo: Este povo honra-me com os lábios, mas o seu coração está longe de mim"* (15:7-8).

Todavia, o discurso mais duro do Mestre contra a hipocrisia está no capítulo 23 desse Evangelho. São trinta e nove versículos ao todo, repletos de censuras e advertências contra a falsidade e a dissimulação, na prática cristã. Ali o Mestre explica, aos discípulos e à multidão, que muito do que aqueles homens diziam, não faziam. E que eles adoravam os primeiros lugares, serem saudados por todos e chamados de mestres, mas que não passavam de "condutores cegos".

Em dado ponto de sua fala, Jesus os qualificou como "sepulcros caiados". Josué Paulo de Lima explica, no livro *Mateus – a chegada do Reino* (edição do Autor), que os judeus passavam cal nos sepulcros durante a primavera para que ninguém os tocasse. Eram pintados de branco para serem avistados de longe. Havia proibição legal, tanto para os israelitas, quanto para os imigrantes que ali viviam, de aproximarem-se de cadáveres, pois isso os tornaria impuros, perante a Lei, durante uma semana (Números, 19:11). A conduta lembra o ditado popular: "Por fora, bela viola, mas por dentro, pão bolorento". Jesus se insurge contra esse rigor.

Lemos na Codificação que "como era mais fácil observar os atos exteriores do que se reformar moralmente (...) os homens se iludiram e se acreditaram quites para com Deus, porque se conformavam com essas práticas, permanecendo como eram, porque se lhes ensinava que Deus não pedia mais do que isso" (*O Evangelho Segundo o Espiritismo,* capítulo 8, item 10). Foi esse pensamento limitado que acabou por colocar em segundo plano a doutrina moral do Cristo, fazendo crer que se alcança mais redenção espiritual com práticas exteriores do que pelas da moral. Contra esses desvios da verdadeira moral cristã, Jesus insistia: "Toda planta que meu Pai Celestial não plantou, será arrancada" (Mateus, 15:13).

Conquanto possa parecer que o Mestre era duro demais com aqueles homens, temos que enxergar, na sua atitude, a responsabilidade de quem assumiu aquele dever, segundo Kardec, de desmascarar o vício de um grupo pequeno, para preservar um grupo maior.

Mudando um pouco o nosso foco, há importante aspecto a se destacar: ninguém se preocupou mais com aqueles homens do que o Cristo! Ao apontar seus equívocos, ele agiu como alguém desejoso de abrir os olhos a um cego. Ninguém mais do que Ele se dedicou a resgatar aqueles cidadãos de suas próprias mazelas e erros.

Sabemos que o erro faz parte da natureza humana. Somos criaturas imperfeitas, verdadeiras crianças espirituais, engatinhando, ainda, em nossa jornada evolutiva.

Conhecedor dessa tendência atávica do ser humano, Jesus se esmerou em nos ajudar a vencê-la, e também havia espaço, em seu coração amoroso, para acolher aqueles fariseus e saduceus. Diferentemente da maioria, Jesus acreditava que eles "tinham conserto".

Atentemos para uma de suas falas, dirigidas àqueles indivíduos: *"Em verdade vos digo que Publicanos e meretrizes vos precedem no reino de Deus"* (Mateus, 21:31). Curioso, prezado leitor! Jesus não diz que o reino de Deus fechará suas portas para eles. Apenas que entrarão mais tarde!

Para o Mestre, ninguém é irrecuperável. A ninguém é vedado atingir a perfeição que lhe cabe, demore o tempo que demorar. É claro que isso não nos autoriza a malbaratar o tempo, tesouro precioso que a Divina Bondade nos concedeu. Mas que o caminho para a perfeição está aberto a todos, não resta dúvida. Jesus deixou isso claro, mesmo para aqueles que viviam hipocritamente e fazendo da religião um meio para ascensão social.

Ciente de que todo aquele que procede mal com as coisas divinas arcará com terríveis consequências, agora compreendemos por que o Mestre foi tão enfático em tentar convencer os saduceus e fariseus do seu tempo a reverem seus procedimentos.

A Doutrina Espírita, revivendo a sua mensagem, nos convida a essa vivência. As vozes dos imortais, traduzindo o pensamento luminoso do Cristo, procuram despertar-nos de profundo sono, para que caminhemos com Ele, priorizando, gradativamente, a essência em detrimento da aparência, porque, no fundo, somos, diante de Deus, inegavelmente, aquilo que somos, nada mais!

APRENDENDO A DISCERNIR

CAPÍTULO 12

APRENDENDO A DISCERNIR

O estudo atento dos Evangelhos nos permite ter noções, cada vez melhores, da intrigante personalidade do Cristo, o modelo completo, em inteligência e qualidades morais.

Uma de suas qualidades marcantes era a intrepidez. O Mestre era arrojado, demonstrando ausência de medo, em situações que ficaram para a História.

Um desses episódios notáveis consta do Evangelho de João, capítulo 8, versículos de 1 a 11. A passagem que abre o capítulo é a de uma mulher surpreendida em adultério.

A Lei de Israel previa o apedrejamento para os adúlteros, homem e mulher (Levítico, 20:10). Todavia, a prática da poligamia, comum naqueles tempos, fazia a carga pesar muito mais sobre as mulheres.

Elas viviam sob o permanente estigma do "repúdio". Se o marido achasse nela "algo inconveniente", ela era rejeitada. Ela era "propriedade" do homem. Vemos isso no Decálogo (Êxodo, 20:17): *"Não cobiçarás a casa do teu próximo. Não cobiçarás a mulher do teu próximo, nem o seu servo, nem a sua serva, nem o seu boi, nem o seu jumento, nem coisa alguma* **que pertença ao teu próximo"**.

Jesus acabava de vir do Monte das Oliveiras. O Sol ainda ia nascer quando o Mestre se dirigiu ao Templo de Jerusalém. A multidão foi em seu encalço. Tomando a postura comum no Oriente, Jesus se sentou para ensinar.

Subitamente, alguns escribas e fariseus trouxeram à sua presença uma mulher flagrada em adultério e expuseram-na, no meio de toda a multidão. Voltando-se para Jesus, desafiaram-no a tomar uma atitude, tendo em vista a legislação mosaica "para terem de que o acusar".

Era uma cilada, mais uma, entre tantas que seus adversários gratuitos armaram e das quais o Mestre saía-se muito bem, aproveitando ainda para deixar preciosos ensinamentos.

Abaixando-se, calmamente, Jesus parecia alheio ao problema, escrevendo na terra com os dedos. Numerosas teorias foram formuladas sobre o que o Mestre escrevia naquele momento. A única coisa de palpável que temos é que ele sabia escrever, embora não tenha deixado nada escrito.

Os acusadores se impacientaram. Insistiram tanto, que Jesus, levantando, lhes propôs: *"Aquele que dentre vós estiver sem pecado, seja o primeiro que lhe atire pedra"*.

Estava claro o desejo daqueles homens em colocá-lo numa situação delicada. Afinal, não precisavam do seu aval. Possuíam a Lei, que lhes outorgava o direito ao apedrejamento. Qual a razão daquela consulta no meio do povo?

A atitude do Mestre se revelou profundamente corajosa e radical. Desafiando os presentes "que estavam sem pecado", o Mestre pressupõe que eles eram reais! A Lei de Israel possuía mecanismos de purificação do povo, através de rituais e sacrifícios, como a Festa anual das Expiações (Levítico, 16:29-30). Do contrário, não teria feito a afirmação, afinal, ele sabe que todos somos imperfeitos, carregando débitos conosco. Todavia, não se intimidou. Correndo o risco de levar um golpe de pedra de um acusador ruim de pontaria, permaneceu ao lado da mulher. Aos poucos, todos se afastaram, deixando-os a sós.

É que sua autoridade moral prevaleceu sobre tudo o que aqueles homens podiam supor. Inclinando-se, depois de falar, era como se ele oferecesse um momento de silêncio todo especial, para os acusadores mergulharem em si mesmos, buscando a sanção da própria consciência, onde estão escritas as Leis de Deus (*O Livro dos Espíritos*, questão 621). Jesus é radical, vai à raiz do problema.

Mas o episódio possui mais detalhes, ricos de aprendizado.

Emmanuel, pela psicografia de Francisco Cândido Xavier, escreveu no livro *Pão Nosso* (edição FEB), capítulo 85: "*Entre as reflexões que a narrativa sugere, identificamos a do errôneo conceito de adultério unilateral. Se a infeliz fora encontrada em pleno delito, onde se recolhera o adúltero que não foi trazido a julgamento pelo cuidado popular? Seria ela a única responsável? Se existia uma chaga no organismo coletivo, requisitando intervenção a fim de ser extirpada, em que furna se ocultava aquele que ajudava a fazê-la?"*.

Por sua vez, Humberto de Campos, também pelo médium mineiro, revela, na obra *Contos e Apólogos* (edição FEB), capítulo 14, que Simão Pedro teria ficado receoso da atitude do Mestre. Afinal, desculpar o adultério da mulher não seria apoiar a devassidão? E o adúltero, não deveria ser punido também, segundo a Lei? Jesus teria lhe respondido: *"Simão, seremos sempre julgados pela medida com que julgarmos os nossos semelhantes"*.

O Mestre sabia de um detalhe que escapava ao velho pescador da Galileia. Simão, contudo, permanecia desejoso de punição.

Ato contínuo, surge uma velha mendiga que ouvira a conversa, exclamando:

"*- A mulher apedrejada é filha de minha irmã paralítica e cega. Moramos nas vizinhanças e víhamos ao mercado em busca de alimento. Abeirávamo-nos daqui, quando fomos assaltadas por um rapaz que, depois de repelido por ela, em luta corpo a corpo, saiu a indicá-la ao povo para a lapidação, simplesmente porque minha infeliz sobrinha, digna de melhor sorte, não tem tido até hoje uma vida regular...*".

Apontando para onde se escondia o infeliz, a mulher indicou o seu esconderijo e Pedro para lá se dirigiu, acompanhado de perto pelo Mestre. O velho apóstolo, chegando "de punhos cerrados" ao local, abriu uma porta e encontrou um rapaz, trêmulo de vergonha. Era Efraim, filho de Jafar, irmão adotivo de sua mulher e "comensal de sua própria mesa".

Lívido, olhou para o Mestre e perguntou: "Mestre, Mestre!... Que fazer?!...".

Acolhendo-o amorosamente nos braços, Jesus exclamou: "*Pedro, não julguemos para não sermos julgados. Aprendamos, contudo, a discernir*".

Joanna de Ângelis, pela psicografia de Divaldo P. Franco, na obra *Jesus e o Evangelho – à luz da psicologia profunda* (edição LEAL), capítulo "Julgamentos", adverte: "(...) é inevitável que, toda vez quando se é defrontado pelas ocorrências do cotidiano, o próprio senso crítico e de discernimento proceda a julgamento. (...) A sutileza se encontra na capacidade de não converter a apreciação e o exame da situação em condenação que exige castigo, mas solidariedade ou *autoprecaução para que não incida no mesmo equívoco*".

Resta um apontamento, caro leitor. Um curioso simbolismo na atitude do Mestre, que abaixa, escreve na terra e, depois, se levanta. Séculos correram para que ele se preparasse, até seu corpo espiritual ser compatível com os baixos fluidos terrestres. Mas, numa única "descida", deixou "gravado na Terra" o código da nossa redenção espiritual. Assim agem os Espíritos Puros. Tudo o que fazem é minuciosamente planejado e desprovido de falhas.

O evangelista menciona que "tornando a inclinar-se, continuou a escrever no chão"

(8:8). Jesus continua inclinado para as dores da Terra. Seus olhos estão voltados para as ovelhas que o Pai lhe confiou. Enquanto não resgatar a todas, continuará a "escrever no chão", mobilizando recursos para que a sua mensagem seja gravada no solo das almas, até que aprendamos, definitivamente, a sutil lição do discernimento.

DOZE ANOS DEPOIS

...

CAPÍTULO 13

DOZE ANOS DEPOIS...

Os seis últimos capítulos do livro *A Gênese – os Milagres e as Predições Segundo o Espiritismo*, de Allan Kardec, constituem rico material de estudo sobre os fenômenos produzidos por Jesus. O Codificador os divide em dois blocos, sendo os capítulos 13 a 15 dedicados aos milagres e 16 a 18 às predições.

Não nos cabe tecer considerações sobre o quesito "milagre". Kardec bem trabalhou isso no capítulo 13 da obra. Chama-nos a atenção as passagens evangélicas que abrem, respectivamente, os assuntos Curas e Ressurreições, ambos do capítulo 15. No primeiro, há um estudo sobre a cura de uma mulher que sofria perda de sangue. No segundo, a cura (relatada nos Evangelhos como ressurreição) da filha de um presidente de sinagoga, chamado Jairo.

Curiosamente, as duas passagens que encabeçam os estudos do Codificador ocorreram quase que simultaneamente, de acordo com os Evangelhos Sinóticos: Jesus curou a mulher com fluxo de sangue, no caminho para a casa do chefe da sinagoga!

Narra o texto, atribuído a Marcos (5:21-43), que Jesus estava junto do Mar da Galileia. Uma multidão o seguia. Aproximou-se o presidente da sinagoga e prostrou-se aos seus pés. O gesto, comum no Oriente, demonstrava profundo respeito e reconhecimento a um superior. Sem que Jesus exigisse essa atitude, ela ocorre outras vezes (Lucas, 5:12; João, 9:38).

É comum vermos relatos de pessoas que saíram de suas altas posições sociais e buscaram algum tipo de auxílio ou conforto espiritual, junto ao Cristo. O chefe da sinagoga suplicava que ele impusesse suas mãos sobre a sua filhinha, de doze anos, que estava à beira da morte. O Mestre o atendeu, acompanhando-o imediatamente.

No meio do caminho, porém, algo inusitado aconteceu. Comprimido pela multidão, Jesus teve as vestes tocadas por uma mulher gravemente enferma, há doze anos, que dizia: "Se eu apenas lhe tocar as vestes, ficarei curada". A fímbria das vestes dos homens judeus era tida como ponto sagrado da vestimenta, um lembrete da aliança de Deus com Israel (Números, 15:37-41). O relato impactante entrou, também, nos outros Sinóticos (Mateus, 9:20-22; Lucas, 8:43-48).

O evangelista Marcos informa que aquela mulher padecia de uma hemorragia, uma doença ginecológica, que a fizera gastar tudo o que possuía com médicos, sem resultados. Como se não bastasse o sofrimento físico que sentia, ela enfrentava outra dificuldade: a Lei de Israel era severa contra o que chamava de "imundícias do homem e da mulher". Estabelecia o livro Levítico (15:19-25): *"a mulher, quando tiver o fluxo de sangue (...) estará sete dias na sua menstruação, e qualquer que a tocar será imundo até à tarde"*. Porém, quando a mulher tinha fluxo "por muitos dias fora do tempo da sua menstruação (...)" prescrevia a Lei: *"todos os dias do fluxo será imunda, como nos dias da sua menstruação"*.

Resumindo, tudo o que ela tocasse, ou qualquer lugar onde se sentasse, era considerado impuro! Mas não foram doze dias, ou doze meses. Foram doze anos, tendo a solidão e o preconceito como seus companheiros de infortúnio.

Podemos imaginar as pessoas se afastando, temerosas de se "contaminarem" com sua impureza, abrindo espaço para que ela passasse, na sua ânsia de tocar no Mestre.

Ao tocar-lhe a roupa, a cura foi imediata. O texto evangélico menciona que ele reconheceu "em si mesmo a virtude que dele saíra". O fluxo coagulou, instantaneamente. Jesus "não fez nem magnetização e nem imposição das mãos. A irradiação fluídica normal bastou para operar a cura" – explica o Codificador. Nem rituais, nem movimentos especiais com as mãos. Apenas a "irradiação fluídica normal" de Jesus. Quão pura e intensamente ele vibrava!

Mas não nos esqueçamos! Ele ainda tinha um compromisso a atender. Jairo o acompanhava, e tinha pressa. Prosseguindo em direção à sua casa, eis que algumas pessoas, que de lá vinham, dizem-lhe: *"Tua filha já morreu; por que ainda incomodas o Mestre?"*. Naqueles tempos recuados, os diagnósticos eram imprecisos e sepultava-se, muitas vezes, quase que imediatamente (Atos, 5:5-6).

Jesus contornou a situação. Encorajou o pai, porque sabia que sua filha ainda estava viva, apesar da incredulidade de muitos.

É curiosa a semelhança entre as duas passagens. No ano em que a filha de Jairo nasce, a mulher com fluxo de sangue adoece. Doze anos depois, Jairo enfrenta a incredulidade dos seus, que o querem impedir de salvar sua criança e a mulher hemorrágica enfrenta a multidão, para tocar a veste de Jesus. Que misteriosos processos uniram essas duas histórias? Um dia, talvez, saberemos. O certo é que, bem no meio delas, estava o Cristo.

Na casa de Jairo havia um verdadeiro alvoroço. Flautistas e carpideiras, contratados para entoar melodias fúnebres de efeito comovedor, ali se apresentavam. Jesus os repreendeu, mandando sair a todos, afinal, a criança não estava morta, mas "dormia".

Aprendemos em *O Livro dos Espíritos* (questão 423) que, em casos de síncope ou letargia, o Espírito de tal forma "se afasta do corpo" que lhe dá todas as aparências da morte. O corpo, na verdade, não está morto e há funções que permanecem. *"Ora, o Espírito está unido ao corpo, tanto que ele vive. (...) Quando um homem que tem as aparências da morte retorna à vida, é porque a morte não havia se completado"*. Era o caso da jovem.

Ciente de tudo que ocorria, Jesus entrou no quarto da menina. Respeitoso, pede a presença da mãe, para não entrar sozinho, e leva consigo seus apóstolos Pedro, Tiago e João. A Lei de Israel considerava prudência a adoção do depoimento de duas ou três testemunhas (Deuteronômio, 19:15). Aproximando-se da filha de Jairo, dá uma ordem: *"Menina, eu te mando, levanta-te!"*. Sua força fluídica imediatamente reanimou aqueles sentidos entorpecidos, chamando para o corpo o Espírito prestes a deixá-lo. E a menina ficou curada.

Notável! Duas histórias que começam juntas e, doze anos depois, se cruzam. Na primeira, uma mulher lutando pela vida. Em outra, uma jovem parecendo desistir da sua. Nesta interseção, somos convidados a refletir: sempre há pessoas com dores maiores que as nossas, **lutando para vencer**, enquanto cogitamos de desistir.

O episódio evoca a problemática do suicídio, principalmente entre jovens, cheios de vida, que optam por essa porta falsa e comprometedora.

Aprendemos com a Doutrina Espírita que, sejam quais forem os motivos particulares, a causa geral dos suicídios é sempre um descontentamento. Desesperamo-nos, porque não vemos um fim para o sofrimento. *"Aquele que não crê na eternidade, que pensa tudo acabar com a vida, que se deixa abater pelo desespero e o infortúnio, só vê na morte o fim de seus pesares"* – explica Kardec, no capítulo 5, item 15, de *O Evangelho Segundo o Espiritismo*.

É contra o avanço desta incredulidade nefasta e das ideias materialistas que trabalha a nossa querida doutrina. Um de seus objetivos é produzir uma modificação em nossa visão da existência humana, a fim de não sofrermos amargos desapontamentos, frutos da falta de fé.

De novo, esse belo episódio nos ajuda a refletir que, enquanto uns desistem da vida, outros, mesmo em meio a muitas dores, a buscam, intensamente. É para que não nos falte essa coragem moral que as palavras do Mestre continuarão a ecoar: *"Eu te mando: Levanta-te!"*.

OS TRABALHADORES E OS TALENTOS

CAPÍTULO 14

OS TRABALHADORES E OS TALENTOS

Dos três Evangelhos Sinóticos, o texto de Mateus é o que possui mais citações judaicas. Desejando demonstrar, aos israelitas, que Jesus é o Messias anunciado, numa interessante alusão aos cinco livros sagrados do Judaísmo – a Torá, apresenta cinco discursos do Mestre. O último deles, o Sermão Profético, faz referências à destruição do Templo de Jerusalém, às tribulações que os cristãos sofreriam e ao julgamento das nações pelo "Filho do Homem", todos, evidentemente, numa linguagem bastante simbólica e impressionista. O sermão é enriquecido com algumas parábolas, que visam exortar a fidelidade às leis divinas. Comecemos nossa reflexão, olhando para a última delas: a Parábola dos Talentos.

Segundo o texto de Mateus (25:14-30), um nobre senhor, ao partir para um lugar distante, remunerou seus servos, esperando que lucrassem, em sua ausência. Três servos são remunerados com cinco, dois e um Talento (quantia monetária equivalente a seis mil denários, moeda de prata romana que remunerava um dia de trabalho no campo). O discurso do Mestre dá a esta remuneração um enfoque específico: os dons espirituais que Deus distribui a cada um de seus filhos. Chama a atenção o versículo 15, em que o senhor remunera cada um "segundo a sua própria capacidade".

Conquanto possa parecer injusta a distribuição desigual, lembra o saudoso Rodolfo Calligaris, no livro *Parábolas Evangélicas* (edição FEB), capítulo 12, que "ao contrário do que possa parecer, nada tem de arbitrária nem de injusta: baseia-se na *capacidade* de cada um, adquirida antes da presente encarnação, em outras jornadas evolutivas".

Na esteira deste raciocínio, comenta o venerando Cairbar Schutel, em *Parábolas e Ensinos de Jesus* (edição Casa Editora O Clarim), pág.85, que se Deus reparte seus dons, dando mais a uns que a outros, é porque leva em conta a capacidade de cada um em administrá-los. A uns dá dinheiro, a outros, sabedoria, a outros, dons espirituais, e, finalmente, a outros, concede todas essas dádivas reunidas. Não existem, desta maneira, privilégios ou exclusões. É preciso reconhecer que não há um só indivíduo no mundo que não seja depositário de um talento divino. Ainda mesmo aqueles que se julgam miseráveis e mendigam a caridade pública, trazem aptidões ocultas na alma. Basta que sejam criadas circunstâncias propícias, para que percebam não serem tão desgraçados como se julgam.

Neste sentido, o Evangelho é a mensagem da esperança. Sempre é tempo de cuidar dos talentos do Espírito. A vida de um cristão pode ser comparada a uma maratona, onde a partida não é tão relevante; o que importa é o que se faz para garantir a chegada!

Deixando um pouco de lado o Sermão Profético, mas sem sair do tema, recordemos outra de suas formosas parábolas, aquela em que Jesus contou aos discípulos a história de um "dono de casa" que saiu, bem cedo, para contratar trabalhadores (Mateus, 20:1-16). O objetivo era ilustrar a lição "muitos primeiros serão últimos; e os últimos, primeiros".

Esta parábola fala de um "dono da casa", que contrata trabalhadores ao longo do dia, às seis da manhã, às nove, ao meio-dia e o último grupo, faltando uma hora para o fim do expediente. Ao final do dia, o senhor recompensa os últimos, remunerando-os com a mesma quantia que havia dado aos primeiros. Eles devem ter trabalhado com tanto entusiasmo, que sua produção impressionou o empregador.

Aqui, é imperioso devolver a palavra a Cairbar Schutel. Na obra já citada, comenta: *"Na parábola, pelo que se depreende,* não se faz questão da quantidade *do trabalho, mas sim da* qualidade, *e, ainda mais, da permanência do obreiro até o fim. Os que trabalharam na vinha, desde a manhã até a noite, não mereceram maior salário que os que trabalharam uma única hora, dada a* qualidade *do trabalho".*

Conclui Cairbar, num recado direto aos confrades do nosso movimento: "*Esta parábola, em parte, dirige-se muito bem aos espíritas. Quantos deles por aí andam, sem estudo, sem prática, sem orientação, fazendo obra contraproducente e ao mesmo tempo abandonando seus interesses pessoais, seus deveres de família, seus deveres de sociedade!*".

Ah, que precioso talento é o tempo! Dele nos falam, com muita eloquência, os Espíritos André Luiz e Emmanuel, na obra *Opinião Espírita* (edição Boa Nova), psicografada por Francisco Cândido Xavier e Waldo Vieira. Acompanhemos algumas reflexões:

"*Espírita que não progride durante três anos sucessivos permanece estacionário*".

"*Observa-te nas manifestações perante os amigos: Trazes o Evangelho mais vivo nas atitudes?*".

"*Tens o verbo mais indulgente, os braços mais ativos e as mãos mais abençoadoras?*"

"*Evangelho é alegria no coração: Estás, de fato, mais alegre e feliz intimamente, nestes últi-*

mos três anos? Tudo caminha! Tudo evolui! Confiramos o nosso rendimento individual com o Cristo!".

Belíssimos pensamentos, convites diretos para sopesarmos as abençoadas oportunidades de que já dispomos, na presente existência.

Numa interessante coincidência, a parábola contada no capítulo 20 de Mateus, surge na obra *O Evangelho Segundo o Espiritismo*, no capítulo de mesmo número. É o único capítulo do livro que Kardec dedica, exclusivamente, às *Instruções dos Espíritos*.

Dentre os ensinamentos notáveis trazidos pelos Benfeitores Espirituais, impossível não relembrar a mensagem assinada pelo Espírito de Verdade, em Paris, no ano de 1862, intitulada "Trabalhadores do Senhor". Forçoso destacar o seguinte trecho:

"Felizes serão os que tiverem trabalhado o campo do Senhor com desinteresse, e movidos apenas pela caridade! (...) Felizes serão os que houverem dito a seus irmãos: Trabalhemos juntos e una-

mos nossos esforços, a fim de que o Senhor, na sua vinda, encontre a obra acabada. (...) Mas infelizes os que, por suas dissensões, houverem retardado a hora da colheita, porque a tempestade chegará e eles serão levados no turbilhão".

O alerta do Espírito de Verdade é grave e incisivo, dizendo que é para os "que não recuaram diante de sua tarefa" que Deus vai confiar "os postos mais difíceis, na grande obra da regeneração pelo Espiritismo". É sabido que, quanto maior a dificuldade de um trabalho, maior é o seu mérito.

Nestes tempos de transição planetária que vivemos, urge reconhecer a grandeza do talento de que dispomos na presente reencarnação, verdadeiro presente do Cristo: o conhecimento das revelações espirituais. Conhecimento que nos torna mais responsáveis, é verdade, mas que também nos permite andar de olhos abertos, com passos menos vacilantes.

Usando bem esses preciosos talentos, o conhecimento e o tempo, temos condições de "render", até impressionar aquele que nos "assalariou".

Portanto, prezado leitor, se você é um cidadão de bem, que se esforça para amar profundamente o que faz e se dispõe a servir voluntariamente, em suas horas livres, com devotamento sincero e espírito de renúncia, você está no caminho do servo bom e fiel. Caso contrário, *aperte o passo*, enquanto existe tempo de "lucrar" os talentos espirituais.

QUESTÃO DE FIDELIDADE

CAPÍTULO 15

QUESTÃO DE FIDELIDADE

Vimos, há pouco, que não era incomum Jesus ser procurado por pessoas da alta sociedade da época, ansiosas por algum socorro para suas aflições.

Há um belo relato envolvendo o pedido de um soldado romano, um centurião, que implorou socorro por seu criado (Mateus, 8:5-13; Lucas, 7:1-10; João, 4:43-54).

Aqui é importante lembrar que as relações entre senhores e criados era muito diferente das dos dias atuais. Hoje, a relação empregatícia é regida por leis, que determinam o cumprimento de uma série de obrigações, e o moderno mundo empresarial converge, cada vez mais, para investimento nas pessoas. Há planejamentos estratégicos da gestão dos recursos humanos nas empresas e a metodologia ganha-ganha, onde todas as partes se beneficiam, é a mais valorizada.

Naqueles recuados tempos, porém, o contexto era muito diferente. O senhor era dono do servo. Sua vida lhe pertencia (Êxodo, 20:17). Curiosamente, esse soldado romano tem um comportamento diferenciado. Interessa-se pelo criado e submete-se ao ridículo perante os seus, ao pedir auxílio a alguém que estava muito abaixo socialmente, já que Jesus fazia parte do povo colonizado por Roma.

Há oportuno procedimento a ser seguido, por todo estudioso do Evangelho. Trata-se da "harmonização dos textos". Nada mais é que confrontar uma mesma passagem evangélica, em dois ou mais evangelistas, quando isso ocorre. A maioria das traduções bíblicas, em português, possui referências para essa harmonização, logo abaixo do título das passagens. No presente caso, a harmonização de Mateus e Lucas permite descobrir que esse centurião era amigo dos judeus, pois havia construído, ele mesmo, uma sinagoga para eles (Lucas, 7:5). Entre os estrangeiros que abraçavam a religião judaica, havia os que cultuavam o Deus de Israel, sem se submeterem à circuncisão, e aqueles que a adotavam, convertendo-se formalmente. Não dispomos de documentação que trace um perfil mais detalhado desse soldado romano, a ponto de saber qual o grau de sua afinidade com o Judaísmo, mas sua história nos presenteia com ricas instruções espirituais.

Assim que Jesus entra em Cafarnaum, cidade na margem ocidental do Mar da Galileia, o centurião lhe procura e pede auxílio para o seu servo, que jazia em casa, de cama, sofrendo horrivelmente. Jesus se prontifica imediatamente a ir até sua casa, dizendo: *"Eu irei curá-lo"*.

Que envolvente amor tinha o Mestre! Não faz distinção de pessoas, atende o chamado, simplesmente, se prontificando a resolver o problema, absolutamente confiante no resultado. O centurião, porém, responde não se sentir digno de que o Mestre adentre sua casa. Conhecia-o, inteirara-se de sua grande autoridade moral, de seu magnetismo divino, mas não se sentia em condições de receber aquela visita. Então, propôs: *"Senhor, apenas manda com uma palavra, e o meu rapaz será curado. Pois também eu sou homem sujeito à autoridade, tenho soldados às minhas ordens e digo a este: vai, e ele vai; e a outro: vem, e ele vem; e ao meu servo: faze isto, e ele o faz".*

Jesus fica maravilhado. A atitude do soldado estrangeiro arranca-lhe uma exclamação, que vai direcionada aos que o seguiam: *"Em verdade vos afirmo que nem mesmo em Israel achei fé como esta".*

Segundo Emmanuel, no capítulo 7 da obra *A Caminho da Luz* (edição FEB), dos povos da Terra, Israel era o mais crente. *"Os israelitas haviam conquistado muito, do Alto, em matéria de fé".* Todavia, aquele estrangeiro, recém-familiarizado com a doutrina do Mestre, surpreendeu-o, mais do que qualquer filho de Israel.

Sua atitude nos leva a pensar: quantas vezes somos capazes de demonstrar tamanha fidelidade aos princípios que esposamos? Agimos com plena convicção, ou costumamos vacilar, apesar dos conhecimentos já adquiridos?

O centurião parece compreender que existem forças imponderáveis, exércitos espirituais a serviço do Mestre, e que bastaria ele ordenar, que essas inteligências invisíveis se movimentariam, levando o lenitivo possível ao seu criado. Belo entendimento da eficácia de algo muito importante: a prece intercessora!

Não é de hoje que se pesquisa a eficácia da prece. Já relatava a psicóloga clínica Kátia Curugi Flocke, em artigo publicado no Jornal *O Semeador*, de Março/2004, algumas pesquisas realizadas por Larry Dossey, médico-chefe de uma equipe do *Medical City Dallas Hospital*, em Dallas, cidade do Estado americano do Texas, um dos maiores pesquisadores do mundo, na época, sobre o valor da prece na Medicina. Em seus estudos, mostrava que preces de intercessão ou à distância surtiam efeitos, "ainda que o indivíduo não saiba que a prece está sendo feita para ele e se encontre distante do local onde está a pessoa que faz a prece". Imaginemos, então, quando existe receptividade daquele por quem outros oram!

O modo de agir do centurião, demonstrando sentimento fraterno pelo servo, também nos faz lembrar a importância de colocarmos os melhores sentimentos em nossas intenções, quando, por exemplo, escrevemos o nome de alguém num pedaço de papel, pedindo preces em nossas instituições. Não podemos fazer de forma maquinal, fria ou como alguém que se desincumbe de uma obrigação.

É digno de nota o fato de o pequeno gesto do romano render um dos maiores elogios do Mestre, em todos os Evangelhos! Um gesto de generosidade nosso repercute generosidade do Plano Espiritual, e somos beneficiados com isso, de forma desproporcionalmente superior! Um auxílio qualquer, que levamos a alguém, e que suavize sua dor, granjeia simpatia daqueles que se preocupam com esse ser, estejam eles no plano físico, ou no plano espiritual.

Jesus atendeu ao pedido do centurião. Enquanto falava com os discípulos, exortando-

-lhes a fé, a fidelidade, emissários espirituais do seu amor providenciaram o atendimento e o servo se curou.

É fato que muitas vezes nos abalamos porque nos falta essa fidelidade genuína, essa confiança na assistência do Alto, sempre a nos envolver, de acordo com nosso merecimento e com a misericórdia do Pai Criador.

Diz a velha sabedoria interiorana: *"Criança é igual pintainho: mudou o tempo, cai a asinha"*. É irresistível pensar metaforicamente. Somos crianças espirituais, facilmente nos comportamos de forma deficiente em nossa fidelidade a Jesus e aos Bons Espíritos. Basta uma mudança brusca em nossa rotina e eis que tombamos, em interminável lamentação.

O autor da Carta aos Hebreus fala que "a fé é um modo de já possuir aquilo que se espera, é um meio de conhecer realidades que não se veem" (11:1). Em outras traduções, lemos que ela é o "fundamento da esperança". Fundamento é aquilo que sustenta, que segura, que fortalece, que "desce fundo" para encontrar sustentação, estabilidade. "Descer fundo" é aprofundar. É indispensável aprofundarmos nossos conhecimentos das Leis Divinas, a fim de construirmos essa fé sólida, essa fidelidade que resiste aos impactos da adversidade.

    O soldado romano maravilhou Jesus, procurando-o através da dor de um servo. Que possamos imitá-lo, procurando o Mestre entre aqueles que têm mais dificuldades e problemas que nós e, quem sabe, um dia, o Cristo também se maravilhe conosco.

CAPÍTULO 16

A REFORMA ESSENCIAL

Narra uma lenda do Antigo Testamento, extraída do livro Juízes (9:8-15), que certa vez, algumas árvores foram escolher para si um rei. Chegando à Oliveira, pediram:

- Reina sobre nós!

- Deixaria eu o meu óleo, que Deus e os homens em mim prezam, e iria pairar sobre as árvores? – respondeu, rejeitando, a Oliveira.

Então, disseram as árvores à Figueira:

- Vem tu e reina sobre nós!

- Deixaria eu a minha doçura, o meu bom fruto e iria pairar sobre as árvores? – esquivou-se a Figueira.

As árvores, então, recorreram à Videira:

- Vem tu e reina sobre nós!

- Deixaria eu o meu vinho, que agrada a

Deus e aos homens, e iria pairar sobre as árvores? – argumentou a Videira, recusando o convite.

Só restava convidar o Espinheiro. Ele não se fez de rogado. Imediatamente, respondeu:

– Se, deveras, me ungis rei sobre vós, vinde e refugiai-vos debaixo de minha sombra...

O texto é chamado de Apólogo de Jotão, o filho caçula de Gideão, juiz de Israel. Abimeleque, seu filho bastardo, aspirava ser rei e persuadiu os seus concidadãos a matarem todos os filhos legítimos de seu pai e o proclamarem rei. Jotão, sobrevivendo ao massacre, sobe ao monte Gerizim, narra esta lenda perante Abimeleque e o povo, e refugia-se, em seguida.

A lenda critica aqueles que, atendendo ao apelo da vaidade, sentem-se impelidos a elevarem-se sobre os outros, embora sem as qualidades que os capacitem para o cargo.

Aprendemos em *O Livro dos Espíritos*, questão n° 932, que os maus exercem mais influência que os bons "por fraqueza e timidez destes". Quando quiserem, os bons assumirão a predominância, e o cenário que veremos será o de um mundo transformado, mais fraterno, com mais justiça e respeito aos direitos de todos.

Conquanto esses sejam dias turbulentos, é preciso confiar na misericórdia do Cristo, sempre atento às dores e misérias humanas, conduzindo a embarcação terrena dentro das leis sábias do Pai Criador. Jamais deixará o Mestre de estimular a ação dos bons, no esforço imenso que a humanidade precisa realizar, a fim de subtrair-se das amarras do erro e da perversidade. Contudo, é indispensável colaborarmos efetivamente para que o trabalho da Espiritualidade Maior encontre ressonância em nossos pensamentos e atitudes, concretizando o ideal do bem em nossas ações cotidianas.

A reforma da sociedade em que vivemos depende da melhora dos seus componentes, não restam dúvidas. Neste sentido, temos que convir que a educação do ser humano, à luz dos princípios morais do Evangelho, é o fiel da balança.

Antecipando-se consideravelmente aos dias atuais, o Codificador do Espiritismo, Allan Kardec, homem de saber profundo, chamado pelo astrônomo francês Camille Flammarion de "o bom senso encarnado", se posicionou sobre os sistemas que propõem mudanças sociais, num inesquecível discurso, pronunciado nas reuniões gerais dos espíritas das cidades francesas de Lyon e Bordeaux, conforme se lê em Viagem Espírita, em 1862 (edição O Clarim). Convidamos o leitor que não conhece essa palestra do mestre lionês, a se inteirar dela. Destacamos, aqui, apenas um de seus eloquentes parágrafos:

> "Antes de fazer a coisa para os homens, é preciso formar os homens para a coisa, como se formam obreiros, antes de lhes confiar um trabalho. Antes de construir, é preciso que nos certifiquemos da solidez dos materiais. Aqui os

materiais sólidos são os homens de coração, de devotamento e abnegação. Sob o egoísmo, o amor e a fraternidade são, como já dissemos, palavras vazias. Assim sendo, de que maneira, sob o império do egoísmo, fundar um sistema que requeira a abnegação em um sentido tão amplo que tenha por princípio essencial a solidariedade de todos para cada um e de cada um para com todos?"

Os homens de saber conseguem escrever grandes coisas com poucas palavras. Avaliemos a frase do Codificador.

"Antes de fazer a coisa para os homens, é preciso formar os homens para a coisa, como se formam obreiros, antes de lhes confiar um trabalho". De fato, não se confiam trabalhos especializados a pessoas despreparadas. Antes, é essencial que se ofereça ao trabalhador um mínimo de treinamento, de instrução, para só depois confiar-lhe o serviço.

Não é de se estranhar que os sistemas sociais vigentes se ressintam de inúmeras falhas. Nossas instituições carecem desses "materiais sólidos" de que falou o Codificador: "homens de coração, de devotamento e abnegação". E isso só se promove com o desenvolvimento do ser humano, dentro de princípios éticos, alicerçados, sobretudo, em digna formação moral.

Por sua vez, na obra *O Espiritismo e os problemas humanos* (edição USE-SP), Deolindo Amorim, com colaboração de Hermínio C. Miranda, foi taxativo ao abordar a questão, conforme o capítulo 9: "(...) *a ordem econômica não pode dispensar a ordem moral. A Ciência Econômica jamais proporcionará o bem-estar aos homens, enquanto o mundo dos negócios não se inspirar na justiça, no comedimento, na honestidade pessoal*". Mais adiante, concluiu: "*A reforma econômica reclama a reforma moral. (...) O denominador comum de todas as reformas está, portanto, na reforma moral do homem*".

Vê-se, por aí, a importância da evangelização do ser humano, entendida essa, não como a conversão forçada a uma ideia religiosa, mas a sensibilização para os valores perenes do Evangelho: humildade, vida reta, pureza de sentimentos, caridade, abnegação, etc.

Não temos dúvida de que os ensinamentos do Divino Mestre são o caminho mais seguro para qualquer reforma sólida que se almeje realizar, tanto no plano individual como no coletivo.

Conversando com uma mulher da Samaria, cidade da Palestina central, dela ouviu Jesus a seguinte frase: *"Eu sei que há de vir o Messias, chamado* Cristo; *quando ele vier, nos ensinará todas as coisas"* (João, 4:25).

Grande verdade disse aquela samaritana! Ele realmente nos ensinou tudo o que necessitamos, para evoluirmos com segurança na direção de Deus. Sua vida de exemplos é o alvo, a meta com possibilidades mais concretas de nos conduzir à felicidade.

Possuindo legítima realeza sobre todos, ele soube "apagar-se", adotando caminho oposto ao espinheiro da antiga lenda judaica. Escolheu uma vida de renúncia e devotamento a todos com quem conviveu. E aos que almejam cargos e responsabilidades, nestes tempos de tamanha crise ética, legou a fórmula perfeita para a regeneração de todas as instituições humanas: *"Entre vós não seja assim, aquele que quiser ser o maior, seja o menor e o servidor de todos"* (Marcos, 9:35).

RENOVAÇÃO E SIGNIFICADO

CAPÍTULO 17

RENOVAÇÃO E SIGNIFICADO

Ninguém pode negar que vivemos dias tumultuados. Sob o império das ideias materialistas, da violência, da sensação de insegurança, às vezes até a fé de muitos cristãos parece balançar. "Para onde estamos indo?" – perguntam alguns, aflitos. "Estamos à mercê de forças desconexas!" – exclamam outros, desesperançados.

Em que pese o senso comum, aprendemos com a Doutrina Espírita, sobretudo no capítulo 18 do livro *A Gênese – os Milagres e as Predições Segundo o Espiritismo*, que o Universo é um mecanismo conduzido por expressivo número de Inteligências, um governo onde cada ser inteligente tem sua parte de ação, sob o olhar do soberano Senhor, cuja vontade única mantém, por toda parte, a Unidade.

Sob esse Poder Regulador, tudo se move numa ordem perfeita. O que nos parece perturbações, são movimentos parciais, que parecem irregulares porque nossa visão é limitada.

Disse Jesus, certa vez, aos fariseus e saduceus de seu tempo (Mateus, 16:1-3): *"Chegada a tarde, dizeis: Haverá bom tempo, porque o céu está avermelhado; e, pela manhã: Hoje, haverá tempestade, porque o céu está de um vermelho sombrio. Sabeis, na verdade, discernir o aspecto do céu e não podeis discernir os sinais dos tempos"*.

É a nossa limitação que estabelece julgamentos imprecisos. À medida que nosso entendimento se dilata, compreendemos que essas irregularidades são aparentes e que se harmonizam no todo.

Com sua inteligência, o ser humano produziu resultados notáveis nas Ciências, nas Artes e no bem-estar material. Resta-nos, ainda, um progresso a realizar, afirma o Codificador: o de fazer reinar entre nós a caridade, a fraternidade e a solidariedade. Só assim alcançaremos o bem-estar moral.

O desenvolvimento da inteligência é necessário, mas nunca dispensará a elevação do sentimento. Eis o período que marcará uma das principais fases da humanidade, que complementará as fases precedentes, como a idade madura é o complemento da juventude.

Kardec já falava, em 1868, da fundação de instituições protetoras, civilizadoras e emancipadoras, e do fato de as leis penais se impregnarem, a cada dia, de sentimentos mais humanos e do enfraquecimento dos preconceitos de raça. Tudo isso são sinais característicos dos tempos de renovação que atravessamos, o anúncio daquilo que se cumprirá em larga escala, sempre sob a segura coordenação do Alto. A questão é: conseguimos compreender isto, ou nos comportamos com a mesma miopia dos fariseus e saduceus do tempo de Jesus?

Frequentemente, o Mestre censurava o comportamento acomodado daqueles religiosos. Eles prefeririam levar uma vida tranquila, sem tanta necessidade de renovação. Eram, aliás, inimigos dos inovadores. Prefeririam uma prática religiosa que não implicasse em tanta disciplina, pelo menos para eles (Mateus, 23:4).

Diante das sucessivas revelações que a humanidade tem recebido, no entanto, já não encontramos tantas justificativas para uma postura de acomodação. Como escreveu o autor da Carta aos Hebreus (5:13-14): "(...) todo aquele que se alimenta de leite é inexperiente na palavra de justiça, porque é criança. Mas o alimento sólido é para os adultos (...)". Não podemos pretextar ignorância, porque já temos condições de "digerir alimento sólido", através de sucessivas (e progressivas) revelações espirituais.

Observemos a instrução contida na questão 783 de *O Livro dos Espíritos*: "*Há o progresso regular e lento que resulta da força das coisas. Mas quando um povo não avança muito depressa, Deus lhe suscita, de tempos em tempos, um abalo físico ou moral, que o transforma*".

Notemos, prezado leitor, a seriedade com que Deus trata da sua obra, não permitindo que ela se sujeite a atrasos. A marcha do progresso não pode ser interrompida. É preciso reconhecer, todavia, que tais "abalos" antecipam a chegada de dias melhores. Como ensina o Evangelho: *"A mulher, quando está para dar à luz, tem tristeza, porque sua hora é chegada; mas, depois de nascido o filho, já não se lembra da aflição, pelo prazer que tem de ter nascido ao mundo um homem"* (João, 16:21).

Transportando a questão para a nossa realidade individual, é oportuno avaliarmos o uso que fazemos dos recursos da inteligência, dos conhecimentos e do tempo que possuímos, a fim de prosseguirmos avançando, também. Será que estamos cuidando tanto do Espírito, que é imortal, quanto cuidamos das coisas materiais, que são transitórias?

Há tempos, ouvi um sacerdote católico dizer, num programa de televisão, que precisamos buscar um pouco mais de silêncio na vida, nos concentrarmos menos naquilo que nos distrai, buscando maior concentração nas coisas de Deus. Na época, considerei certo exagero (era alimento "sólido demais" para eu digerir), mas hoje reflito de forma diferente. As coisas espirituais têm que prevalecer sobre os interesses materiais, não resta dúvida. Como ensina Pascal, no item 9, capítulo 16, de *O Evangelho Segundo o Espiritismo*, "o homem não possui como seu senão aquilo que pode levar deste mundo". O que é, então, que ele leva da vida? *"Nada do que se destina ao uso do corpo, e tudo o que se refere ao uso da alma: a inteligência, os conhecimentos, as qualidades morais"*. Três tesouros que, segundo o Divino Mestre, nenhum ladrão pode roubar.

Somos peregrinos, viajantes da eternidade, destinados à perfeição relativa que nos cabe conquistar. Nesta caminhada longa, nossa busca por felicidade depende de a vida ter significados, o que se dá, sobretudo quando desenvolvemos fé e nos conectamos ao outro, principalmente se conseguimos a ventura de lhe levar algum conforto. À luz dos princípios cristãos, isso fecha o ciclo de uma vida com significado, e nos torna mais felizes.

Certa vez, o médium e escritor baiano Divaldo Pereira Franco contou, em uma de suas palestras, que um psicólogo entrevistou dois homens que trabalhavam numa construção, movimentando entulhos. Sua pergunta era simples, algo como: Qual é o seu trabalho? O primeiro, passando irritado, respondeu: "Não vê que estou carregando pedras?". Era um inconformado. Em seguida, passou o outro, assobiando, com o mesmo carrinho de mão, a mesma quantidade de pedras, e sua resposta foi: "Ah, moço, eu estou ajudando a construir uma catedral!". Era alguém que sabia enxergar significado naquilo que fazia.

A ética do Cristo pressupõe encontrar alegria no que se faz, enxergar propósitos, integrar-se no movimento progressivo das coisas, ainda que seja necessário renunciar, sacrificar, esquecer um pouco de si. *"Se o grão de trigo, caindo na terra, não morrer, fica ele só; mas, se morrer, produz muito fruto"*, ensinava ele com profunda sabedoria (João, 12:24).

De fato, sem a morte do homem velho, dificilmente conseguiremos produzir os frutos abençoados que, em estado potencial, dormitam dentro de nós. É preciso aproveitar o concurso abençoado do tempo e das oportunidades, enquanto eles nos são favoráveis. De novo, é à inteligência do Mestre que recorremos (João, 11:9): *"Não são doze as horas do dia? Se alguém andar de dia, não tropeça, porque vê a luz deste mundo"*.

Andemos, prezado leitor, andemos enquanto a "luz deste mundo" ilumina nossos passos. Jesus, consciente da dimensão da sua obra, referiu-se a si mesmo como a *luz do mundo*. É a luz da sua exemplificação que clareia nossa jornada, mostrando onde estão os perigos, apontando rumo seguro, ensinando que a melhor forma de alcançar o ponto de chegada é através da nossa própria renovação.

BEBENDO EM OUTRA FONTE

CAPÍTULO 18

BEBENDO EM OUTRA FONTE

Todo filme, por mais belo e bem elaborado, dificilmente produz o mesmo prazer e aprofundamento que a leitura do livro em que se baseou. Com o comovente filme brasileiro *Nosso Lar*, lançado em 2010, não foi diferente. Seu mérito é imensurável, porém, a leitura da obra psicografada por Francisco Cândido Xavier (edição FEB), é enriquecedora.

Gostaríamos de chamar a atenção apenas para alguns pontos do penúltimo capítulo do livro: quando o protagonista André Luiz retorna ao antigo lar terreno. São lições expressivas.

Aqueles que tiveram a oportunidade de conhecer o romance sabem que, quando nosso irmão chega à sua antiga casa na Terra, encontra tudo mudado. Os velhos móveis, que ele tanto estimava e o quadro com sua foto ao lado da família, haviam sumido.

Mas isso não foi o mais impactante. O verdadeiro choque estava por vir. Quando André Luiz entra no aposento íntimo do casal, percebe que outro homem ocupa seu lugar. Vem uma nota cômica: "Um corisco não me fulminaria com tamanha violência".

Sim, o impacto foi enorme. Ao fim do dia, ele estava cabisbaixo em frente à residência, quando o Ministro Clarêncio passou. Já previa aquele resultado e, aproximando-se de André Luiz, lhe diz não ter outra instrução a dar, a não ser recordar a máxima de Jesus: "Amar a Deus sobre todas as coisas e ao próximo como a nós mesmos" – a Lei Áurea.

A orientação do Ministro de Nosso Lar não parece fácil de ser aceita, à primeira vista. Quando nos achamos tristes, com ódio ou raiva de alguém, nem sempre recebemos, com facilidade, instruções que nos induzem à aceitação ou à renúncia dos nossos desejos. Ficamos ansiosos para ouvir algo que nos alimente, ainda mais, a possibilidade de resolver de acordo com nossos interesses caprichosos. Eis o engano!

Felizmente, porém, André Luiz não recebeu a instrução de Clarêncio "com os ouvidos humanos". As experiências difíceis haviam "sulcado" seu Espírito, criando a condição propícia para a semente do Evangelho, consoante ensinou o Divino Mestre, na inesquecível Parábola do Semeador. Chico Xavier costumava dizer que quem estuda, aprende muito, mas quem sofre, sabe sempre mais.

André Luiz recebeu a instrução de Clarêncio e começou a "ponderar o alcance da recomendação evangélica". Chegou a uma conclusão extraordinária: sua família não era mais a esposa e os filhos terrenos; eram as centenas de necessitados das Câmaras de Retificação da Colônia: os Espíritos infelizes, irmãos seus, que ali chegavam qual ele outrora fizera, em estado de profundas necessidades espirituais, verdadeiros mendigos na erraticidade.

Sua conclusão lembra uma fala de Joanna de Ângelis, pela mediunidade de Divaldo P. Franco, na obra *Jesus e o Evangelho à luz da Psicologia Profunda* (edição LEAL), onde a mentora explica a conhecida Parábola do Bom Samaritano, dizendo que este se movera de compaixão pelo homem assaltado, porque vira a si mesmo, ferido e caído no chão.

Neste ponto da narrativa, André Luiz tem um pensamento fascinante: Jesus o havia conduzido a outras fontes. Magnífica transformação havia se operado em seu ser. O resto da história, todos sabemos. Para quem não conhece, a leitura da obra é indispensável.

Beber em outras fontes! Bela referência à água viva, água pura, sem mistura de elementos corrompidos, água que não atende a sede física, mas uma sede mais profunda, a sede de amor, o sentimento sublimado de que fala o Apóstolo Paulo, em sua memorável carta aos cristãos de Corinto (1 Coríntios, 13:4-7): *"O amor é paciente, é benigno; o amor não arde em ciúmes, não se ufana, não se ensoberbece, não se conduz inconvenientemente, não procura os seus interesses, não se exaspera, não se ressente do mal; não se alegra com a injustiça, mas regozija-se com a verdade; tudo sofre, tudo crê, tudo espera, tudo suporta"*.

Atente, prezado leitor, para certos pontos da fala do apóstolo sobre o amor verdadeiro: "(...) não arde em ciúmes" e "(...) não procura os seus interesses". Foi esse sentimento que tomou conta de André Luiz. Ele havia atingido aquele ponto de "madureza e moralidade de alma". Era outra criatura, totalmente renovada. O Senhor o "havia chamado aos ensinamentos do amor, da fraternidade e do perdão".

Em Israel, existe um interessante conceito entre os rabinos, que é o do "amor gratuito", isto é, amar sem motivo especial. O ensino "amar o próximo como a si mesmo", empregado por Jesus, citando o livro Levítico (19:18), reflete esse entendimento. Amar a si mesmo é não precisar de motivação para tal. Nenhuma pessoa necessita de justificativas para se amar, porque é ela mesma. É o conceito do amor gratuito que, sublimado, se volta para o semelhante.

O povo judeu recebeu um conjunto de leis e instruções para nortear os seus passos e os da humanidade. À medida que esta foi evoluindo, colocou-se em condições de receber ensinos ainda mais elevados, como os que nos trouxe Jesus, no tocante ao amor.

A Doutrina Espírita, por sua vez, desdobra esse ensino. O Codificador o exprimirá, magistralmente, no capítulo 11 de *O Evangelho Segundo o Espiritismo*, ao dizer que o amor ao próximo é a expressão mais completa da caridade, porque ela resume todos os deveres para com o próximo. É o guia mais seguro, e que não temos direito de exigir, de nossos semelhantes, melhor tratamento do que lhes damos. É por esta via divina que o egoísmo desaparecerá da Terra, porque os homens haverão de tomarem-na como norma de conduta e como base de suas instituições.

Infelizmente, ainda temos dificuldade de viver o ensino "amar a si mesmo". Na condição de verdadeiras crianças espirituais, damos vazão a nossos caprichos pessoais, o que compromete a nossa felicidade. Se nos amássemos genuinamente, evitaríamos muitas complicações que tornam pesada nossa caminhada.

Ninguém pode negar a existência desse sentimento sublime dentro de si, ainda que seja de forma embrionária. Não é possível sufocá-lo, porque é de origem divina, como lemos no mesmo capítulo desta obra básica da Codificação, item 9. A instrução é assinada por Fénelon, pseudônimo de precoce teólogo e escritor francês, homem dotado de virtudes e talentos admiráveis, falecido em 1715. Pedimos licença ao leitor para encerrar o capítulo, destacando pequeno trecho de sua mensagem: *"O amor é de essência divina. Desde o mais elevado até o mais humilde, todos vós possuís, no fundo do coração, a centelha desse fogo sagrado. É um fato que tendes podido constatar muitas vezes: o homem mais abjeto, o mais vil, o mais criminoso, tem por um ser ou um objeto qualquer uma afeição viva e ardente, à prova de todas as vicissitudes, atingindo frequentemente alturas sublimes. (...) Esse germe se desenvolve e cresce **com a moralidade e a inteligência*** (grifo nosso), *e embora frequentemente comprimido pelo egoísmo, é a fonte das santas e doces virtudes que constituem as afeições sinceras e duradouras, e que vos ajudam* *a transpor a rota escarpada e árida da existência humana"*.

Possamos nós, também, começar a "beber" dessa fonte vital, como ensina nosso querido Divaldo P. Franco, amando mais aqueles que já amamos, estendendo esse sentimento àqueles que não amamos tanto e, de passo em passo, estaremos contribuindo efetivamente para nossa própria evolução, dentro desta abençoada jornada terrena.

CULTO CRISTÃO NO LAR

CAPÍTULO 19

CULTO CRISTÃO NO LAR

Certo dia, estando Jesus na casa do apóstolo Simão Pedro, em Cafarnaum, e percebendo que a conversação entre os presentes se fazia improdutiva, tomou de alguns manuscritos sagrados e, dirigindo-se ao velho pescador, explicou que "o berço doméstico é a primeira escola e o primeiro templo da alma" e que "a casa do homem é a legítima exportadora de caracteres para a vida comum". Entre outras questões de grande importância, perguntou o Divino Amigo: "Se não aprendemos a viver em paz, entre quatro paredes, como aguardar a harmonia das nações?".

Em seguida, convidou-os à conversação edificante e à meditação, e abrindo os pergaminhos sagrados, inaugurou na Terra o primeiro culto cristão no lar. Quem nos conta esse episódio belíssimo é o Espírito Neio Lúcio, no primeiro capítulo da obra *Jesus no Lar* (edição FEB), psicografada por Francisco Cândido Xavier.

Prefaciando o livro, o benfeitor espiritual Emmanuel argumenta que o cristão que percebe o aspecto renovador do Evangelho, estima trazer o "Amigo Celeste ao santuário familiar, onde Jesus, então, passa a controlar as paixões, a corrigir as maneiras e a inspirar as palavras, habilitando o aprendiz a traduzir-lhe os ensinamentos eternos através de ações vivas, com as quais espera o Senhor estender o divino reinado da paz e do amor sobre a Terra".

Esta nota de Emmanuel, por si, já expõe os principais benefícios que o estudo do Evangelho em família, à luz da Doutrina Espírita, promove ao aproximar os familiares em torno da revelação espiritual do Mestre. Não são poucas as razões que levam um lar ao desequilíbrio. Emmanuel relacionou três: as **paixões**, as **maneiras** e as **palavras**. E como podemos nos comprometer, quando damos vazão descontrolada a tudo isso! Tanto pelas paixões, que nos tornam cegos para tudo o que não seja objeto de nosso desejo, quanto pelas maneiras inapropriadas de ser e agir ou pelas palavras que, sem a necessária educação, têm grande poder de causar o mal.

As causas que levam tribulação ao lar, justificando a importância do culto doméstico do Evangelho, também foram bem trabalhadas pelo Espírito Camilo, por exemplo, na obra *Desafios da Vida Familiar* (edição Fráter), psicografada por José Raul Teixeira. Entre outros fatores de desequilíbrio, ele menciona o fato de muitos indivíduos formarem família sem a conscientização do que isso representa e do valor desta célula básica da sociedade. Há, ainda, o problema das entidades espirituais que não almejam a evolução das sociedades e investem contra o lar, que é núcleo para o progresso da alma, valendo-se das fragilidades humanas. De outro modo, são as crises financeiras ou de saúde de um dos membros da família, que surgem sem avisar, ou as dificuldades decorrentes daqueles que enveredam pela dependência química, etc. É bem verdade que existem situações, para as quais ajuda profissional é requerida, mas não podemos deixar de apontar a reunião periódica dos familiares, em torno da mensagem do Cristo, como medida de equilíbrio, de renovação e de proteção contra tantas situações que afetam a boa convivência no lar.

Foi muito feliz o confrade Cláudio Bueno da Silva, em seu artigo "Trinta Minutos", publicado pelo Jornal *Tribuna do Espiritismo*, de Abril/2017. Lembrou ele: "*A força moral dos ensinos e exemplos de Jesus penetra no coração dos participantes da reunião, fortalecendo em todos a vontade de praticá-los no dia a dia junto aos semelhantes. Os problemas naturais da vida não se acabam, mas são diminuídos, suavizados pela compreensão que o ensino evangélico proporciona*".

Não podemos nos furtar de sugerir, ao leitor interessado no tema, os capítulos 35 e 36 do livro *Os Mensageiros*, de André Luiz (edição FEB), psicografia de Francisco Cândido Xavier, que relatam um culto doméstico realizado na residência da personagem Isabel, dando detalhes preciosos sobre como a reunião atingiu seus objetivos superiores, em termos de aprendizado para todos.

Em linhas gerais, a realização do culto cristão no lar, à luz da Doutrina Espírita, pressupõe alguns requisitos básicos que são relativamente fáceis de serem aplicados:

- Seleção de um dia e horário da semana, apropriado para a maioria dos familiares;
- Início da reunião, através de prece sincera e simples, por um dos presentes;
- Leitura de um trecho da obra *O Evangelho Segundo o Espiritismo*;
- Espaço para breve comentário dos presentes, servindo-se da lição lida, a fim de buscar entendimento e instrução que beneficiem a evolução e melhora de todos;
- Prece de encerramento, em que agradecemos e rogamos ao Cristo as bên-

ções para o lar e por outros seres queridos, vibrando sentimentos de genuíno amor fraternal.

Havendo necessidade por algum dos presentes, pode-se reservar água para ser energizada pelos amigos espirituais, lembrando não serem apropriadas manifestações de intercâmbio mediúnico. O momento é de estudo e reflexão sobre os ensinos do Mestre, visando à harmonia do núcleo doméstico.

Vê-se, por aí, que o culto do Evangelho no lar, prática abençoada, iniciada pelo próprio Cristo, na residência humilde de Cafarnaum, absolutamente despida de rituais, nada mais enseja que a **oração**, o **estudo em grupo** e o **diálogo franco**. É medida profilática da espiritualidade, convidando os encarnados à aproximação mais estreita com o Evangelho e com a assistência amorosa dos bons amigos espirituais, que impregnam o ambiente com energias sutis e abençoadoras.

Através dessa prática semanal, pela conversa tranquila e equilibrada, vamos ganhando forças para quebrar, aos poucos, as grades escuras da vaidade, do orgulho e do egoísmo. E auxiliamos na formação de nossas crianças e jovens, contribuindo para injetar na sociedade criaturas com caracteres cada vez mais renovados.

Escreveu o apóstolo Paulo de Tarso: "(...) aprendam primeiro a exercer piedade para com a sua própria família e a recompensar seus pais, porque isto é bom e agradável diante de Deus" (1 Timóteo, 5:4). Emmanuel, ao comentar essa passagem do apóstolo dos gentios, comentou na lição 117 da obra *Pão Nosso* (edição FEB), também psicografada por Chico Xavier, que, entre outras coisas, é "impossível auxiliar o mundo, quando ainda não conseguimos ser úteis nem mesmo a uma casa pequena – aquela em que a vontade do Pai nos situou, a título precário. Antes da grande projeção pessoal na obra coletiva, aprenda o discípulo a cooperar, em favor dos familiares, no dia de hoje, convicto de que semelhante esforço representa realização essencial".

Os textos aqui citados dispensam posteriores comentários. Falam por si da grande responsabilidade que nos cabe, dentro desta célula vital da sociedade que é a família. Trabalhar pela sua harmonia, pela boa convivência dos seus membros, ainda que em meio a tantas provas que surjam, é compromisso dos mais sérios, previamente assumido, inclusive, antes do renascimento físico. E a prática da leitura e do estudo periódico do Evangelho entre os familiares constitui abençoado recurso para aproximarmos as lições de Jesus de nosso coração.

CAPÍTULO 20

A ADORAÇÃO GENUÍNA

Lemos no Evangelho atribuído a João (4:1-42), o belíssimo encontro de Jesus com uma mulher samaritana junto à fonte de Jacó, famoso poço construído pelo patriarca hebreu.

Jesus vinha de Jerusalém. Era uma viagem cansativa, de mais ou menos dois dias e cerca de setenta quilômetros. O Mestre procurou repouso junto ao poço.

Aproximou-se uma mulher samaritana e teve início um dos mais belos diálogos do Evangelho. O Cristo lhe ofereceu uma "água viva" que, a princípio, lhe despertou cepticismo, afinal, aquele judeu desconhecido não poderia ser maior que o patriarca Jacó, que construíra o poço. É preciso lembrar que havia muita antipatia entre samaritanos e judeus.

"Os samaritanos desfiguravam com algumas práticas o culto dos judeus fiéis à Lei Mosaica e é daí que nasceu o ódio dos judeus por eles", explica Cairbar Schutel, no capítulo 14 de *O Espírito do Cristianismo* (edição Casa Editora O Clarim).

As lutas entre samaritanos e judeus estão registradas na História. Quando os judeus quiseram reedificar o Templo de Jerusalém, os samaritanos lhes fizeram grande oposição; mas, como nada houvessem conseguido, levantaram outro Templo no Monte Garizim, atraindo vários dos judeus que não quiseram aceitar as reformas feitas por Esdras e Neemias.

A aversão entre judeus e samaritanos tinha chegado ao auge quando Jesus Cristo apareceu na Judeia. Nessa época, não havia relação alguma entre Jerusalém e Samaria, e a maior injúria que se podia fazer a um judeu era chamá-lo de "samaritano".

Curiosamente, o Mestre propõe uma ruptura a este ódio ancestral, colocando um samaritano como modelo de amor ao próximo em uma de suas mais belas parábolas (Lucas, 10:25-37).

Delicadamente, Jesus prosseguiu a conversa com aquela mulher, indicando que existe uma água diferente que se torna, em cada criatura, "uma fonte jorrando para a vida eterna". Ele queria explicar que existe uma sede humana severa – a sede de plenitude.

Procurando encontrá-la, recorremos a inúmeros "poços": divertimento, prazeres materiais, vícios etc., acabando por reconhecer que não são suficientes para nos dessedentar verdadeiramente.

Sobre isso, aliás, escreveu com muita propriedade Francisco de Paula Victor, em psicografia de José Raul Teixeira, na obra *Quem é o Cristo?* (edição Fráter): "Tem sido comum a alma humana buscar o alento e apoio nas coisas materiais ou nas pessoas. (...) A desilusão é certa quando se busca o alívio em algo material".

De fato, é preciso "descer o balde" em fontes mais profundas, recolhendo recursos perenes, que frutifiquem para a eternidade.

O diálogo entre Jesus e a samaritana continuou. O Mestre falou do seu passado, dos maridos que ela teve. Reconhecendo estar diante de um profeta singular, abriu-lhe o coração e falou das suas dúvidas sobre como adorar a Deus, se ali no Monte Garizim ou em Jerusalém.

A situação se tornou propícia para um dos grandes momentos do apostolado do Cristo. Sem perder tempo, ensinou: "Vem a hora – e é agora – quando os verdadeiros adoradores adorarão o Pai em espírito e verdade, pois também o Pai busca os que assim o adoram".

Não é de hoje que a humanidade idealiza rituais para adorar o sagrado. Remonta à antiguidade o uso de sacrifícios humanos, de animais e de frutos da terra nos cultos religiosos.

Allan Kardec esmiuçou essa questão delicada no Livro Terceiro, Capítulo 2, de *O Livro dos Espíritos,* ao tratar da Lei de Adoração.

Os Espíritos Superiores explicaram que, no passado, os homens não compreendiam

Deus como sendo a fonte da bondade. Entre os povos primitivos da antiguidade, a matéria vencia o Espírito. Neles, o senso moral ainda não estava bem desenvolvido.

Ademais, os homens primitivos acreditavam que criaturas vivas tinham muito mais valor aos olhos de Deus, do que corpos inanimados. Foi isso que os fez imolar primeiramente os animais, e mais tarde os homens. Em sua forma de crença, pensavam que o valor do sacrifício estava em relação com a importância da vítima. Numa comparação vulgar, quando se quer presentear alguém, escolhe-se sempre um presente de um valor tanto maior quanto mais amizade e consideração se quer testemunhar a essa pessoa. Devia ocorrer o mesmo naqueles recuados tempos nas relações dos homens com Deus.

Assim, os sacrifícios humanos não se originaram de um sentimento de crueldade, mas de uma ideia falsa de ser agradável a Deus, como o episódio de Abraão (Gênesis,

22:1-19). Com o tempo, o abuso fez os homens imolarem seus inimigos.

Pensando nisso, Kardec se debruçou sobre o problema das guerras santas, na questão 671 de *O Livro dos Espíritos*. O sentimento que leva certos homens a exterminarem aqueles que não compartilham suas crenças, para serem agradáveis a Deus, teria a mesma origem?

A Doutrina Espírita lança luz sobre o assunto, esclarecendo que tais indivíduos acham-se envolvidos numa fascinação de consequências graves, que bloqueia o julgamento e impede que se compreenda aquilo que se faz.

A fascinação não alcança somente as pessoas mais simples; os homens mais espirituais, mais instruídos e inteligentes, sob outros aspectos, não estão isentos dela, o que prova que ela é o efeito de uma causa estranha, da qual sofrem a influência, explica Kardec no capítulo 23, item 239, de *O Livro dos Médiuns*. Assim, as consequências da fascinação são muito graves. Aqueles que se lhe submetem acabam aceitando as mais bizarras doutrinas, as mais falsas teorias como sendo a única expressão da verdade; bem mais, são excitados a interesses ridículos, comprometedores e mesmo perigosos. Aqueles que, estando fascinados, guerreiam contra seus semelhantes, infelizmente são incapazes de ver que vão contra a vontade de Deus, que orienta amar ao outro como a si mesmo.

Esclarece-nos a Codificação que, independentemente do nome que se lhe dê, todos os povos adoram um único Criador. Mas como esperar que os homens se entendam, ou respeitem uma crença alheia, se tal crença quer promover a paz de espada em punho? Os homens se esclarecerão e se interessarão por doutrinas que não conhecem somente através da persuasão e pela doçura, nunca pela força e pelo sangue. Afinal, como fazer um estranho acreditar na palavra de alguém, quando os atos desse alguém desmentem a doutrina que prega?

O que é certo é que Deus jamais exigiu sacrifícios, não mais de animais que de homens;

afinal, ele não pode ser honrado pela destruição inútil de sua própria Criação.

Para concluir, vale lembrar aquilo que os Espíritos Superiores sempre enfatizaram: a prece, dita do fundo do coração, é cem vezes mais agradável a Deus que qualquer tipo de oferenda que se possa fazer-Lhe. Isto é, Deus interessa-se mais pelo fundo que pela forma. Ele ama a simplicidade em todas as coisas, e aliviar aqueles que sofrem sempre será o melhor meio de honrá-lo.

PESCADORES INCANSÁVEIS

CAPÍTULO 21

PESCADORES INCANSÁVEIS

Os evangelhos sinóticos afirmam que, certa vez, Jesus era comprimido pela multidão, junto ao lago de Genesaré e que, mais um pouco, e as pessoas O empurrariam para dentro da água. Tendo visto dois barcos de pescadores junto à praia do lago, entrou em um deles, o que pertencia a Simão Pedro. Pediu-lhe que o afastasse um pouco da praia e, assentando-se, ensinava, do barco, a multidão (Lucas 5:1-11).

Quando acabou de ensinar, convidou Simão Pedro a lançar-se ao mar e pescar. Os pescadores já haviam lavado suas redes e, em breve, as pendurariam para secar. Tendo trabalhado toda a noite, nada conseguiram. Contudo, o suave magnetismo do Cristo moveu aquele pescador humilde, que consentiu e lançou suas redes na água. Apanhou tamanha quantidade de peixes, que as próprias redes se rompiam.

Eufórico, gritou para outros colegas para que viessem ajudá-lo. Encheram tanto os barcos, que quase foram a pique. Voltando à praia e ainda espantado, Simão prostrou-se aos pés de Jesus, dizendo: "Senhor, retira-te de mim, porque sou pecador". A admiração tomou conta dele e de seus sócios na pesca, Tiago e João, filhos de Zebedeu.

O Mestre, acalmando-o, disse: "Não temas; doravante serás pescador de homens".

Aqueles indivíduos já haviam presenciado fatos operados por Jesus, mas não eram capazes de imaginar que, sob Suas ordens, fosse possível, após uma noite de trabalho exaustivo, sem recolher peixe algum, encher as redes, como que por encanto, a ponto de ser preciso chamar outros companheiros que estavam em outra barca para auxiliá-los a puxá-las para terra.

A pesca era sempre melhor à noite. Se

nada fosse apanhado durante a noite, de dia era inútil insistir. Explica-nos Cairbar Schutel, no capítulo 6 de *O Espírito do Cristianismo* (edição Casa Editora O Clarim) que não foi a razão que obrigou Pedro a voltar ao trabalho, ainda mais que já limpavam as redes. Mas certos fatos, quando se passam diante de nossos olhos, não nos dão tempo nem de pensar. Simão atirou-se aos pés de Jesus, deslumbrado. Foi com esse fim que o Mestre promoveu fatos "miraculosos": eles são aguilhões que nos forçam ao progresso, à espiritualidade, para que nos despertem, almas adormecidas que ainda somos.

Ainda segundo Cairbar, aquela lição foi mais moral que material: quis o Cristo fazer ver àqueles a quem outorgaria a missão do apostolado que, se permanecessem com Ele e com Seus ensinos, teriam a Sua assistência e lhes seriam mostrados os bandos e cardumes de homens que se converteriam à nova fé, pois Ele, que estava resolvido a transformar os pescadores de peixes em "pescadores de homens", queria fazer dos pescadores de corpos, pescadores de almas. É o encorajamento para vencer as lutas que esperam os divulgadores da Doutrina do Mestre. A reação de Pedro, prostrando-se aos pés do Mestre, é natural: a santidade dos Espíritos puros é demais para um humano suportar. Mas Jesus é diferente: Ele não quer afastar os pecadores de si; Ele os associa ao seu ministério.

Para o Codificador Allan Kardec, a pesca qualificada de maravilhosa se explica pela faculdade da "dupla vista". Jesus não produziu espontaneamente peixes ali onde eles não existiam; ele viu pelas suas faculdades espirituais o lugar onde eles se encontravam e pôde dizer com segurança aos pescadores que ali lançassem suas redes (*A Gênese – os Milagres e as Predições Segundo o Espiritismo,* capítulo 15, item 07).

Quando Jesus convocou seus apóstolos, provavelmente "enxergou" suas disposições íntimas, soube que o seguiriam e que eram capazes de cumprir a missão da qual deveria encarregá-los. Aqui, Kardec demonstra um conhecimento surpreendente de tradição hebraica. Em Israel, os mestres judeus não chamavam seus discípulos. Ao contrário, possíveis discípulos procuravam um mestre com boa reputação de cultura e santidade, como Jesus. Seu magnetismo e Sua atratividade extraordinários já haviam despertado as disposições íntimas naqueles indivíduos. Bastou ao Mestre enxergar.

O pensamento cria imagens fluídicas que se refletem no envoltório perispiritual como num vidro – ali ele toma um corpo e se fotografa. É assim que os movimentos mais secretos da alma repercutem no envoltório fluídico. A visão espiritual não é a mesma em todos os seres. Somente os Espíritos puros a possuem em seu grau mais completo. Então, a convocação dos apóstolos se opera pela faculdade de Jesus de ver, em suas almas, a disposição íntima para o Evangelho. Só faltava o convite. E este feito, tudo abandonaram para o seguir.

Devemos nos admirar da humildade do Mestre, cercando-se de cooperadores modestos, como que nos advertindo de que, em quaisquer setores de atividades, todo trabalho exige cooperação.

É sabido que cada pessoa pode fazer muito. Mas, se juntar-se a outras, fará mais ainda, lembra interessante Editorial do Jornal Mundo Espírita (edição FEP), de novembro de 2016, citando o livro de Eclesiastes (4:9-12), que diz: *Mais vale dois que um só, porque terão proveito do seu trabalho. Porque se caem, um levanta o outro, mas o que será de alguém que cai sem ter um companheiro que o levante? Alguém sozinho é derrotado, dois conseguem resistir e a corda tripla não se rompe facilmente.* Desde as primeiras ações ditas públicas do Mestre, ele contou com a força da união.

Sobre essa união de esforços, nunca é demais recordar a exortação do Espírito de Verdade: "Irmãos, trabalhemos juntos, e unamos os nossos esforços, a fim de que o Senhor encontre a obra pronta à Sua chegada, porque o Senhor lhes dirá: Vinde a mim, vós que sois bons servidores, que calastes os vossos ciúmes e as vossas discórdias para não deixar a obra prejudicada" (*O Evangelho Segundo o Espiritismo*, capítulo 20, item 5).

Recordando o esforço do notável Bezerra de Menezes pela união dos tarefeiros de nosso movimento, publicou a Federação Espírita Brasileira, na Revista Reformador de outubro de 2014, alguns pensamentos desse valoroso colaborador do Cristo:

"O serviço da unificação em nossas fileiras é urgente [...] porque define objetivo a que devemos todos visar; mas não apressado, porquanto não nos compete violentar consciência alguma".

"Não vos conclamamos à inércia, ao parasitismo, à aceitação tácita, sem a discussão ou o exame das informações. Convidamos-vos à verdadeira dinâmica do amor".

"Recordemos, na palavra de Jesus, que 'a casa dividida rui'; todavia ninguém pode arrebentar um feixe de varas que se agregam numa união de forças".

Chico Xavier costumava dizer: "Aqueles que caminham abrindo roteiro para a Terceira Revelação têm que sangrar os pés".

Que não nos assustem os ásperos testemunhos pela causa do Cristo. Muitas vezes Ele nos pedirá testemunho de fidelidade e trabalho, e isso quando já estivermos "lavando as redes". Respondamos ao Mestre com a mesma disposição do velho pescador e, se nos faltarem forças, olhemos à nossa volta, buscando auxílio, como ele fez. O Cristo nos proverá valorosos companheiros, que ficarão ao nosso lado, com as mãos "firmes nas redes".

VENCENDO A PARALISIA

CAPÍTULO 22

VENCENDO A PARALISIA

Durante uma festa dos judeus, Jesus subiu para Jerusalém. Ali, junto à Porta das Ovelhas, existia um tanque, chamado em hebraico de Betesda, que pode referir-se à junção das palavras hebraicas Beit (Casa) e Chesed (Benignidade, Misericórdia). Era uma piscina, onde se dava de beber às ovelhas destinadas aos sacrifícios no Templo.

Ali ficava uma multidão de enfermos, cegos, coxos, paralíticos, etc. Acreditava-se que, de tempos em tempos, um anjo descia do céu, agitava aquelas águas e o primeiro que entrava no tanque, uma vez agitada a água, ficava curado do seu mal.

Estava ali um homem paralítico havia trinta e oito anos. Jesus, conhecendo sua história, acercou-se compadecido e perguntou: "Queres ser curado?" (João, 5:6).

O enfermo lhe respondeu que não tinha ninguém para levá-lo até o tanque, no momento em que a água era agitada, e que outros passavam na sua frente quando ele tentava. O Mestre simplesmente lhe disse: "Levanta-te, toma o teu leito e anda". Imediatamente ele ficou curado da paralisia. Mais tarde, ao reencontrá-lo no Templo, advertiu-lhe o Cristo: "Não peques mais, para que não te suceda coisa pior".

Allan Kardec comenta em *A Gênese – os Milagres e as Predições Segundo o Espiritismo*, capítulo 15, itens 21 e 22, que a piscina em Jerusalém era uma cisterna junto ao Templo, alimentada por uma fonte natural, cuja água parecia ter propriedades curativas. Era uma fonte intermitente que em certas épocas do ano jorrava com força e agitava a água. Segundo a crença vulgar, esse momento era o mais favorável para as curas; pode ser que em realidade, no momento de sua saída, a água tivesse uma propriedade mais ativa, ou que a agitação produzida pela água jorrada movimentasse lodo salutar para certas enfermidades.

Esses efeitos são muito naturais e perfeitamente conhecidos hoje; mas, então, as ciências estavam pouco avançadas e se via uma causa sobrenatural na maioria dos fenômenos incompreendidos. Os judeus atribuíam, pois, a agitação dessa água à presença de um anjo, e esta crença lhes parecia tanto melhor fundada porque, nesse momento, a água era mais salutar.

Humberto de Campos, pela psicografia de Chico Xavier, no capítulo 13 da obra *Boa Nova* (edição FEB), analisa a questão delicada de doenças como a paralisia, reportando-se ao fato de parecerem ser contrárias à misericórdia de Deus. No entanto, o Pai tem seu plano determinado "com relação à criação inteira". E dentro desse plano, a cada criatura cabe "uma parte da edificação, pela qual terá de responder". O problema é que, abandonando o trabalho divino para viver ao sabor dos próprios caprichos, a alma cria para si a situação correspondente, tendo que trabalhar para reintegrar-se no plano divino, depois de ter-se deixado levar pelas sugestões funestas, contrárias à sua própria paz.

É preciso entender que o sofrimento não funciona em nossa vida com caráter punitivo. Já tivemos oportunidade de comentar sobre isso, em capítulo anterior. Gostaríamos de relembrar, aqui, o belo pensamento de Léon Denis, que diz: "Se há na Terra menos alegria do que sofrimento, é que este é o instrumento por excelência da educação e do progresso, um estimulante para o ser, que, sem ele, ficaria retardado nas vias da sensualidade. A dor, física e moral, forma a nossa experiência. A sabedoria é o prêmio" (*O Problema do Ser, do Destino e da Dor*, edição FEB, capítulo 9).

Por sua vez, Emmanuel, no capítulo 50 do livro *Pão Nosso* (edição FEB), chama a atenção para o conselho de Jesus: Vai e não peques mais! De fato, é um ensinamento expressivo, pois as contribuições que vêm de cima buscam o benefício da nossa felicidade, mas se não as conservamos, de nada valerão a dedicação dos nossos benfeitores espirituais. O fruto que não se aproveita, apodrece. As flores que não são cultivadas murcham. O amigo que você não conserva, foge da sua presença. A enxada que não é utilizada cria ferrugem. Assim também é a Graça Divina: torna-se imprestável se não tem a adesão da nossa vontade.

A postura do paralítico, antes da cura, é intrigante, quase surreal. Parece não acreditar mais que sua vida mudará, porque fica distante da piscina, aguardando alguém que o carregue, quando deveria esperar à margem dela, para se jogar antes dos demais.

É difícil avaliar o que se passava em seu mundo íntimo. Afinal, o texto evangélico informa que estava paralítico havia trinta e oito anos. Dependendo da misericórdia alheia, sem poder trabalhar, havia caído em profundo desânimo. Pode-se inferir, mesmo, que já não deveria possuir qualquer fé na solução do seu mal. Quando Jesus vai ao seu encontro e indaga se ele quer ficar são, não responde positivamente. Mantém-se apegado à sua melancolia.

Muitas vezes nos assemelhamos a esse paralítico. Conhecemos a mensagem evangélica, inteiramo-nos dos seus postulados, mas algo nos paralisa a ação, parecemos não encontrar saída para os problemas cotidianos. Julgamos ter perdido a fé.

No ótimo livro *Coragem* (edição CEC), psicografado por Chico Xavier, encontramos precioso recado da espiritualidade amiga, induzindo-nos a refletir: "Se o Senhor não confiasse em ti, não te emprestaria o filho que educas, a afeição que abençoas, o solo que cultivas, a moeda que dás. Sempre que te refiras aos problemas da fé, não te fixes somente na fé que depositas em Deus. Recorda que Deus, igualmente, confia em ti".

Os Espíritos amigos confiam e investem em nós, mas pouco podem fazer se não tiverem a nossa contrapartida, porque respeitam-nos o livre arbítrio. Quanto mais evoluídos, mais eles se sentem no dever de considerar nossas decisões, conquanto não deixem de nos assistir, sempre que nos dispomos a receber-lhes o concurso amigo.

É preciso lembrar que, certa vez, Jesus referiu-se a si mesmo como a porta das ovelhas (João, 10:9). Em Jerusalém, próximo do tanque onde os enfermos ficavam, estava a Porta das Ovelhas, local por onde elas eram introduzidas, a fim de serem sacrificadas durante as festividades da Páscoa judaica.

Aqui, é válido enxergar o precioso simbolismo no nome Betesda, em hebraico, Casa da Misericórdia. Jesus, a "porta das ovelhas", franqueia o acesso à misericórdia divina, pelo estímulo que nos dá à vivência dos seus ensinos.

Se o desânimo nos assaltar a alma, como fez com o paralítico do tanque, recorramos aos ensinamentos do Evangelho, com as luzes novas da intepretação espírita. E isso nos fará compreender que se nosso sofrimento se estende, sem solução aparente, é porque talvez a misericórdia divina reconheça a necessidade da ação pedagógica que isso representa, a fim de aprimorar a nossa experiência, nos premiando, lá na frente, com mais sabedoria.

Todavia, que não nos falte a disposição para lutar contra o esmorecimento. Há preciosos estímulos em nosso favor, se abraçarmos com carinho as orientações da nossa querida doutrina espírita. É preciso ter a coragem de dar os primeiros passos. "Um bom começo é a metade", dizia a frase atribuída ao filósofo grego Aristóteles.

É preciso dizer que uma das receitas mais eficazes contra a dor é ir ao encontro daqueles que, momentaneamente, sofrem dores maiores que as nossas. Colhemos abençoados frutos de compreensão e estímulo, quando nos dispomos a praticar gestos de fraternidade pura. Dizia com muita propriedade o Espírito Emmanuel, na página 13 do já citado livro psicografado por Chico Xavier: "Quando o tédio te procure, vai à escola da caridade. Ela te acordará para as alegrias puras do bem e te fará luz no coração, livrando-te das trevas que costumam descer sobre as horas vazias".

CAPÍTULO 23

ORAÇÕES QUE ENSINAM

Das personagens que se moviam na sociedade judaica dos tempos de Jesus, duas aparecem frequentemente nos evangelhos: os fariseus e os publicanos.

Certa vez, Jesus compôs uma parábola unindo dois desses homens. Trata-se da Parábola do Fariseu e do Publicano (Lucas, 18:9-14). Nela lemos que, certo dia, ambos subiram ao Templo para orar. O primeiro orava, dizendo: "Ó Deus, graças te dou, porque não sou como os demais homens (...) nem ainda como esse *publicano*".

Orando, porém, o outro nem ousava levantar os olhos ao céu, mas batia no peito, dizendo: "Ó Deus, sê propício a mim, pecador!".

Jesus encerrou a sua parábola explicando que o último voltou para a casa justificado, e não o primeiro; desejava ensinar às pessoas que "o que se exalta será humilhado, mas o que se humilha será exaltado". Foi mais um rico ensinamento, visando combater o vício do orgulho.

Allan Kardec inseriu esta parábola como a terceira citação evangélica do capítulo 17 de *O Evangelho Segundo o Espiritismo,* intitulado Pedi e Obtereis, para falar sobre as qualidades da prece. Ao comentá-la, explica que é essencial orar com humildade, como o publicano, e não com orgulho, como o fariseu, fazendo exame de nossos defeitos e não de nossas qualidades; e que, se for para nos compararmos com outros, que o seja para procurar aquilo que há de mal em nós. Belíssima síntese do Codificador.

Aliás, os dois últimos capítulos dessa obra básica são reservados por ele para esmiuçar o assunto. O último, por exemplo, apresenta uma seleção de preces feitas entre as que foram ditadas pelos Espíritos, em diferentes circunstâncias. Não se trata de "um formulário absoluto, mas uma variedade entre as instruções" dadas por eles, explicou Kardec.

Pode-se, muito naturalmente, indagar a

razão de um conjunto de preces específicas, uma vez que a doutrina entende que um bom pensamento vale mais que numerosas palavras. É preciso dizer que os Espíritos não prescreveram nenhuma fórmula absoluta de preces. Quando as deram, foi "para fixar ideias e, sobretudo, chamar a atenção sobre certos pontos da Doutrina Espírita".

Assim, as preces sugeridas por eles de alguma forma resumem pontos essenciais da Codificação. É uma aula de Espiritismo, exposta em forma de orações simples e objetivas.

Há que se considerar, também, a nota de rodapé de José Herculano Pires ao item 22 desse capítulo da obra por ele traduzida, em que explica: "no início da doutrina, seus adeptos ainda permaneciam muitas vezes ligados às igrejas de que provinham, fato que também aconteceu com o Cristianismo primitivo".

É curioso, mas até os seguidores imediatos de Jesus, como os seus apóstolos, tinham dificuldade em saber como orar.

Humberto de Campos nos conta que a sogra de Simão Pedro, depois de ter sido curada pelos poderes excepcionais de Jesus, consultou seu genro sobre a possibilidade de interceder junto ao Mestre, a fim de obter favores especiais para sua família (*Boa Nova*, edição FEB, capítulo 18).

Quando a ocasião se fez propícia, o velho pescador indagou ao Cristo:

- "Mestre, será que Deus nos ouve todas as orações?".

Após ouvir uma série de considerações de Jesus sobre as qualidades da oração, Pedro ainda mantinha o espírito inquieto. Contemplando-o, terna e longamente, elucidou o Mestre:

- "Pedro, enquanto orares pedindo ao Pai a satisfação de teus desejos e caprichos, é possível que te retires da prece inquieto e desalentado. Mas, sempre que solicitares as bênçãos de Deus, a fim de compreenderes a sua vontade justa e sábia, a teu respeito, receberás pela oração os bens divinos do consolo e da paz".

Nesse momento, um dos filhos de Alfeu, adiantando-se, pediu a Jesus que os ensinasse a orar. Foi quando Jesus compôs aquela que é a mais bela das preces: a oração dominical, também conhecida como Oração do Pai Nosso.

Muito temos a aprender com as orações sugeridas pelos bons Espíritos, mensageiros de Deus, sempre dispostos a nos instruir. Convidamos o leitor amigo a acompanhar a belíssima prece, ditada por Maria Dolores a Chico Xavier, que abre o livro *Antologia da Espiritualidade* (edição FEB), em que desfilam, poeticamente, várias orientações doutrinárias:

Agradeço, Senhor,
Quando me dizes "não"
Às súplicas indébitas que faço,
Através da oração.

Muitas daquelas dádivas que peço,
Estima, concessão, posse, prazer,
Em meu caso talvez fossem espinhos,
Na senda que me deste a percorrer.

HOJE COM JESUS

De outras vezes, imploro-te favores,
Entre lamentação, choro, barulho,
Mero capricho, simples algazarra,
Que me escapam do orgulho...

Existem privilégios que desejo,
Reclamando-te o "sim"
Que, se me florescessem na existência,
Seriam desvantagens contra mim.

Em muitas circunstâncias, rogo afeto,
Sem achar companhia em qualquer parte,
Quando me dás a solidão por guia
Que me inspire a buscar-te.

Ensina-me que estou no lugar certo,
Que a ninguém me ligaste de improviso,
E que desfruto agora o melhor tempo
De melhorar-me em tudo o que preciso.

Não me escutes as exigências loucas,
Faze-me perceber
Que alcançarei além do necessário,
Se cumprir o meu dever.

JOAQUIM BUENO

Agradeço, meu Deus,
Quando me dizes "não" com teu amor,
E sempre que te rogue o que não deva,
Não me atendas, Senhor!...

COM OLHOS NO AMANHÃ

CAPÍTULO 24

COM OLHOS NO AMANHÃ

Aproximando-se a festa da páscoa judaica, o Mestre estava reunido com os doze apóstolos numa ceia. Ele sabia que a hora do seu testemunho estava chegando, que sua missão terrena estava no fim e que era necessário cumprir, à risca, a programação cuidadosamente preparada para o seu êxito. Levantando-se, tirou a vestimenta de cima, usada pelo homem judeu, tomou uma toalha e colocou-a ao redor do corpo. Em seguida, encheu uma bacia com água e começou a lavar os pés daqueles homens, enxugando-os, delicadamente.

O gesto, no Oriente, representava a hospitalidade exigida para quem hospedava pessoas em sua casa, recém-chegadas de caminhadas a pé (Lucas, 7:44). Mas era, também, uma lição profunda, pois servos eram designados para isso, oferecendo higiene e conforto às pessoas (1Samuel, 25:41). Era a derradeira lição da humildade com que Jesus esperava, no apagar das luzes de sua trajetória terrena, sensibilizar Seus apóstolos, definitivamente. Afinal, sem humildade, como conquistar as demais virtudes por ele ensinadas?

Seguem-se o momento em que Jesus anuncia aquele que vai entregá-lo, o ensino do novo mandamento (João, 13:34) e a advertência a Simão Pedro sobre o cantar do galo. Antes de prometer o envio do Consolador, porém, Jesus faz um breve discurso em que conforta seus discípulos. Gostaríamos de chamar a atenção, aqui, para uma dessas falas: "Não se turbe o vosso coração; credes em Deus, crede também em mim. Na casa de meu Pai há muitas moradas, se assim não fora, eu vo-lo teria dito. Pois vou preparar-vos o lugar" (João, 14:1-2).

Atentemos para a última frase: "Pois vou preparar-vos o lugar".

Definitivamente, nosso domicílio verdadeiro não está aqui, entre as experiências da matéria. Tudo à nossa volta carrega a marca da transitoriedade, da impermanência. Viajantes da estrada da vida, aqui nos achamos em experiências de aprendizado e aperfeiçoamento em que, vencida uma etapa, outra se aproxima, pois progredir incessantemente é lei divina.

Isto implica, de certa maneira, em investir naquilo que é permanente, isto é, a conquista dos bens imperecíveis do Espírito imortal. Afinal, a vida espiritual é a verdadeira vida, a vida normal do Espírito; a existência terrestre, transitória e passageira, "é uma espécie de morte comparada ao esplendor e à atividade da vida espiritual", ensina-nos Kardec no item 8, capítulo 23 de *O Evangelho Segundo o Espiritismo*.

Qualquer pessoa que realiza uma viagem de muitos dias a um país distante, prepara sua bagagem com aquilo que vai precisar no local de destino, informa-se sobre o clima que a espera, e providencia a quantidade mínima necessária da moeda local, a fim de garantir hospedagem tranquila. Assim também, pensando no amanhã que nos aguarda, é indispensável "apertarmos o passo", desvencilhando-nos do que complica a viagem, e nos equipando do que é indispensável. Até mesmo para encontrarmos forças para caminharmos por aqui.

Ensinou Kardec no seu primeiro comentário do capítulo 6 de *O Evangelho Segundo o Espiritismo:* "Todos os sofrimentos: misérias, decepções, dores físicas, perda de seres queridos, encontram sua consolação na fé no futuro (...). Sobre aquele, ao contrário, que não espera nada depois desta vida, ou que duvida simplesmente, as aflições se abatem com todo o seu peso, e nenhuma esperança vem suavizar-lhe a amargura".

É conhecida a expressão latina *Carpe Diem*. Atribuída ao poeta romano Horácio, significa "aproveite o dia". Não se refere simplesmente ao dia de hoje, mas aproveitar ao máximo o tempo presente, vivendo-o intensamente, sem cogitar do futuro.

Há quem diga que os espíritas não "aproveitam a vida", ocupando-se mais com a morte. Tal afirmativa revela, no mínimo, necessidade de atualização sobre os postulados desta extraordinária doutrina.

Escreveu um Espírito protetor, em mensagem incluída por Kardec no item 10 do capítulo 17 de *O Evangelho Segundo o Espiritismo*: "Não creiais, todavia, que em vos exortando sem cessar à prece e à evocação mental, nós vos exortamos a viver uma vida mística que vos mantenha fora das leis da sociedade em que estais condenados a viver. Não, vivei com os homens de vossa época, como devem viver os homens; sacrificai às necessidades, mesmo às frivolidades do dia, mas sacrificai-as com um sentimento de pureza que as possa santificar".

Eis a grande diferença entre viver para usufruir o momento e viver pensando no amanhã. Embora possamos nos submeter aos impositivos da vida encarnada, importa considerar a prevalência do exemplo, em tudo o que fizermos. Como bem ensinou o nosso querido Codificador: "A única autoridade legítima, aos olhos de Deus, é a que se apoia no bom exemplo" (item 13, capítulo 10 de *O Evangelho Segundo o Espiritismo*). É o que resulta evidentemente das palavras de Jesus.

Aliás, é preciso frisar, viver com os olhos no futuro não é tese espírita, é tese do Cristo. Acompanhemos: "Porquanto, quem quiser salvar a sua vida perdê-la-á; e quem perder a sua vida por minha causa, achá-la-á" (Mateus, 16:25). É preciso destacar que "salvar a vida" era uma expressão semítica, representando a busca pelos prazeres da vida material.

Certa feita, tivemos a oportunidade de acompanhar interessante sermão de um sacerdote católico, ensinando que quantidade e qualidade não andam juntas e que as pessoas se confessam cristãs, enquanto isso não as desconforta. Como isso é profundo! Entre ser feliz aqui e ser feliz na vida futura, prefere-se ser feliz aqui, numa concordância com o pensamento de Horácio. Se der para ser feliz nos dois, ótimo! Mas, para muitos, preferível é garantir aqui. E arrematava ele: Poucos estão dispostos a pagar a diferença cristã, caminhar na contramão de vez em quando. Que profundidade de raciocínio!

Dizem que da vida nada se leva. Ledo engano! Os Espíritos Superiores da Codificação ensinam que se levam, pelo menos, três coisas: inteligência, conhecimentos e qualidade morais. Ou seja, nada do que se destina ao uso do corpo, e tudo o que se refere ao uso da alma (*O Evangelho Segundo o Espiritismo,* item 9, capítulo 16).

Ensinava o Cristo: "Orai para que a vossa fuga não se dê no inverno, nem no sábado" (Mateus 24:20). De fato, empreender fugas no deserto, em tempos de inverno, era muito arriscado. E as prescrições do sábado judaico não admitiam longas caminhadas. Contudo, podemos ver algo mais nessa lição do Mestre. Considerando o inverno como a quarta estação e o sábado como o último dia da semana, temos aqui preciosa advertência. Embora nunca seja tarde para alinharmos nossas vidas aos preceitos cristãos, ideal que não deixemos para o termo da vida, para o "inverno" ou o "sábado" da existência, quando as nossas possibilidades se fazem mais restritas.

Equilibremos as muitas dimensões da nossa vida, cuidando dos aspectos físicos (boa alimentação, exercícios, cuidados médicos), sociais (boas relações familiares, no trabalho e no meio ambiente), emocionais (aprendendo a gostar mais de nós mesmos, desenvolvendo bom humor e paciência para com as situações que a vida traz) e, sobretudo, espirituais, tolerando a forma como outros pensam em matéria religiosa, e vivendo mais os paradigmas espíritas em nosso dia a dia, pois isso é viver no hoje, com os olhos fixos no amanhã.

NOSSO INVENTARIO

JOAQUIM BUENO

CAPÍTULO 25

NOSSO INVENTÁRIO

Afirmou o grande pensador espírita francês, Léon Denis, na obra *Depois da Morte* (edição FEB), capítulo 51, que orar a Deus é como fazer um "inventário moral" sob suas vistas. Referia-se ele aos valores que já conseguimos apresentar, perante nosso Criador.

Um inventário pode ser tanto um levantamento do patrimônio de alguém que vem a falecer, como uma relação dos ativos que alguém adquiriu e pode movimentar.

Saindo do campo material para o espiritual, sabemos que o conhecimento e a vivência do Evangelho nos permitem adquirir muitos bens, imperecíveis, aliás, como paz de consciência, gratidão pela vida, fé genuína, humildade e amor fraterno vibrando em nosso coração.

Tais tesouros, que devem fazer parte de nosso patrimônio espiritual, nosso inventário divino, constituem a "casa edificada sobre a rocha", no dizer de Jesus (Mateus, 7:24-27)

Preocupado em nos auxiliar nessa conquista, antes mesmo de vir, o Divino Amigo providenciou para que muitos missionários trouxessem à Terra esses valores preciosos.

Cerca de oito séculos antes dele, existiu um profeta em Israel chamado Miqueias. É dele o anúncio da vinda do Messias (Miqueias, 5:2): *"E tu, Belém Efrata, posto que pequena entre os milhares de Judá, de ti me sairá o que governará em Israel, e cujas origens* são desde os tempos antigos, desde os dias da eternidade".

O livro deste profeta judeu é um dos últimos do Antigo Testamento. Curto, possui apenas sete capítulos. Mas não é só no anúncio da vinda do Cristo que ele foi muito inspirado. Há outra fala sua que reflete grande espiritualidade, e que também resume a ideia de "edificar sobre rocha". Disse ele, certa vez (Miqueias, 6:8): "ó homem, o que é bom; e que é o que o Senhor pede de ti, senão que pratiques a justiça, ames a benignidade, e *andes humildemente com o teu Deus*".

Notável síntese, não é mesmo? Se analisarmos com carinho, veremos que cada conceito necessita dos outros para garantir adiantamento espiritual.

Por exemplo, não basta praticar o que é justo, e até ser benigno, esquecendo a virtude da humildade. Saberemos respeitar os direitos dos outros, teremos compaixão pelos que sofrem, mas poderemos nos comportar de forma orgulhosa, fazendo propaganda de nossas ações.

De outro modo, podemos ser benignos e humildes, mas ao desprezar a justiça, correremos risco de falir na caminhada, lesando os direitos daqueles que conosco convivem ou se relacionam.

Por fim, podemos ser amantes da justiça e pessoas bastante humildes, mas se faltar amor em nossos corações, a frieza pode ser a marca dos nossos dias.

Veja, leitor amigo, como é possível sentir o perfume do Evangelho já nos escritos anteriores à chegada do Cristo.

É que o Mestre veio para "dar cumprimento" a um conjunto de princípios que emanam do próprio Criador do Universo. Sobre isso, escreveu inspiradamente o evangelista Lucas, ao dizer que Jesus veio para trazer o **Evangelho do reino de Deus** (Lucas, 4:43).

Ele mesmo dizia, aliás (João, 7:18): *"Quem fala de si mesmo busca a sua própria glória; mas o que busca a glória daquele que o enviou, esse é verdadeiro, e não há nele injustiça"*.

Assim, conseguimos perceber a grandeza do amor divino, que em todos os tempos enviou missionários à Terra, a fim de instruir e amparar aqueles que, aqui, necessitam cumprir etapas do seu ciclo evolutivo. Tais instruções estão presentes já na primeira Revelação.

Veremos os Espíritos Superiores, que auxiliaram Kardec, se servirem de textos antigos, nas suas respostas em *O Livro dos Espíritos*. Quem bem chamou a atenção para isso foi Severino Celestino da Silva, na obra *Analisando as Traduções Bíblicas* (edição Núcleo Espírita Bom Samaritano). Vejamos alguns exemplos.

Na questão de número 275, indagou o Codificador: *"O poder e a consideração de que um homem gozou na Terra lhe dão supremacia no mundo dos Espíritos?"*. E a resposta: *"Não; pois que os pequenos serão elevados e os grandes rebaixados. Lê os Salmos"*.

Mais à frente, na pergunta número 560: *"Tem atribuições especiais cada Espírito?"*. Vem a seguinte resposta, novamente com citação de texto do Antigo Testamento: *"Todos temos que habitar em toda parte e adquirir o conhecimento de todas as coisas, presidindo sucessivamente ao que se efetua em todos os pontos do Universo. Mas, como diz o Eclesiastes, há tempo para tudo (...)"*

Por fim, na questão número 1010, Kardec desenvolve o pensamento sobre o dogma da ressurreição da carne, pelo qual a própria Igreja ensina a doutrina da reencarnação. Ao indagar dos Espíritos Superiores se isso faz sentido, obtém o seguinte: *"É evidente, ademais essa doutrina decorre de muitas coisas que têm passado despercebidas e que dentro em pouco se compreenderão neste sentido. Reconhecer-se-á em breve que* o *Espiritismo ressalta a cada passo **do texto mesmo das Escrituras sagradas*** (grifo nosso)".

Vê-se, por aí, a solidez das revelações do Alto, sempre amparando o ser humano em sua jornada, surgindo gradativamente, à medida que o entendimento se fez possível.

Vivemos dias de grandes responsabilidades, porque recebemos muito da misericórdia divina. Cala fundo em nossos corações a advertência do Mestre: *"Eu vos enviei a ceifar onde vós não trabalhastes; outros trabalharam, e vós entrastes no seu trabalho"* (João, 4:38). Nosso inventário está repleto, cheio de valores espirituais valiosíssimos. Muitos já trabalharam, antes de nós, e hoje temos a honra de sermos seus continuadores.

O bom da vida é saber que a estrada está totalmente aberta. A ninguém está vedado o acesso à conquista dos bens imperecíveis da alma. Enriquecer o nosso patrimônio espiritual é algo que depende, exclusivamente, do exercício de uma potência fundamental: a nossa vontade. E há algo que não podemos negar: a maioria de nós está vinculada à casa espírita não tanto por mérito pessoal, quanto por misericórdia do Alto. Cultivar essa ideia traz a vantagem de auxiliar-nos na conquista das virtudes da tolerância, da humildade, da retidão de caráter e, sobretudo, da gratidão, que enriquecem nosso inventário moral, no belo dizer de Denis.

E é assim, leitor querido, que lhe pedimos licença para ir colocando ponto final em nossas palavras. Na alma, gratidão e reconhecimento. Ao Pai Criador, pelo dom da vida, ao Cristo, pelo sacrifício extremo, aos bons Espíritos, pela paciência com nossas limitações e a todos aqueles que compartilham suas existências conosco, nos dando condições de crescer.

Orienta-nos o Evangelho: *"E, se qualquer te obrigar a caminhar uma milha, vai com ele duas"* (Mateus, 5:41). Há muito "chão pela frente". Muitas milhas a caminhar. Mas, se já conseguirmos andar alguns metros que sejam, aprendendo a caminhar ao lado Dele, o *"brando e humilde de coração"*, estaremos plenamente felizes.

LEIA MAIS

No ano de 1963, Francisco Cândido Xavier ofereceu, a um grupo de voluntários, o entusiasmo e a tarefa de fundarem um Anuário Espírita. Nascia, então, o Instituto de Difusão Espírita - IDE, cujo nome e sigla foram também sugeridos por ele.

A partir daí, muitos títulos foram sendo editados, e o Instituto de Difusão Espírita, entidade assistencial sem fins lucrativos, mantém-se fiel à sua finalidade de divulgar a Doutrina Espírita através da IDE Editora, tendo como foco principal as Obras Básicas da Codificação, sempre a preços populares, além dos seus mais de 300 títulos em português e espanhol, muitos psicografados por Chico Xavier.

O Instituto de Difusão Espírita conta também com outras frentes de trabalho, voltadas à assistência e promoção social, como albergue noturno, acolhimento de migrantes, itinerantes, pessoas em situação de rua, acolhimento e fortalecimento de vínculos para mães e crianças, oficinas de gestantes, confecção de enxovais para recém-nascidos, fraldas descartáveis infantis e geriátricas, assistência à saúde e auxílio com cestas básicas, leite em pó, leite longa vida, para as famílias em situação de vulnerabilidade social, além dos trabalhos de evangelização infantil, mocidade espírita, artes (teatro, música, dança, artes plásticas e literatura), cursos doutrinários e passes.

Este e outros livros da **IDE Editora** subsidiam a manutenção do baixíssimo preço das **Obras Básicas, de Allan Kardec**, mais notadamente, "**O Evangelho Segundo o Espiritismo**", edição econômica.

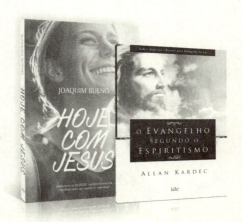

Leia Também

O Menino Livre de Miritiba

CLÁUDIO BUENO DA SILVA

Prefira afrontar o mundo servindo à sua consciência a afrontar sua consciência para ser agradável ao mundo! HUMBERTO DE CAMPOS

Conheça o menino, o homem e o Espírito do jornalista, escritor, poeta, contista, crítico, cronista e político Humberto de Campos, quando encarnado, e, agora, Irmão X, no verdadeiro plano da vida, mas ainda presente entre nós, com suas indubitáveis comunicações mediúnicas.

Sua história, suas convicções e memórias, pura sensibilidade e emoção, divididas em três fases:

Um livro sobre a simplicidade e determinação de um Espírito, compromissado com o Cristo.

Não olvides que a execução de teus deveres para com o próximo será sempre a tua caridade maior. IRMÃO X

ISBN: 978-85-7341-715-9 | *Romance* | Formato: 14 x 21 cm

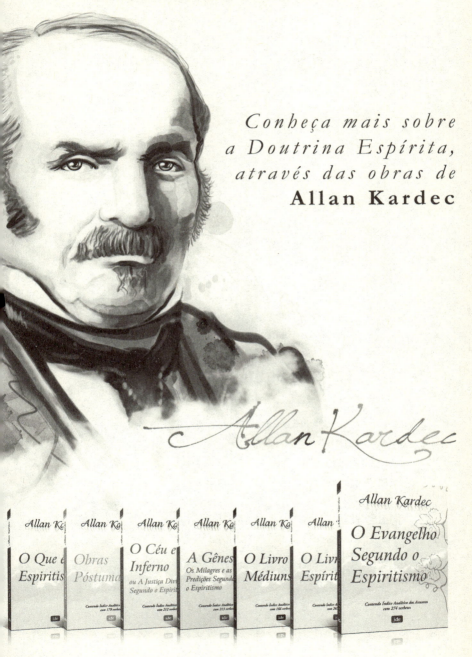

ideeditora.com.br

Acesse e cadastre-se para receber
informações sobre nossos lançamentos.

twitter.com/ideeditora
facebook.com/ide.editora
editorial@ideeditora.com.br

ide

IDE Editora é apenas um nome fantasia utilizado pelo INSTITUTO DE DIFUSÃO ESPÍRITA, entidade sem fins lucrativos, que promove extenso programa de assistência social, e que detém os direitos autorais desta obra.